LINGUAGENS E CULTURAS INFANTIS

EDITORA AFILIADA

Coordenador Editorial de Educação:
Marcos Cezar de Freitas

Conselho Editorial de Educação:
José Cerchi Fusari
Marcos Antonio Lorieri
Marli André
Pedro Goergen
Terezinha Azerêdo Rios
Valdemar Sguissardi
Vitor Henrique Paro

Dados Internacionais de Catalogação na Publicação (CIP)
(Câmara Brasileira do Livro, SP, Brasil)

Friedmann, Adriana
 Linguagens e culturas infantis / Adriana Friedmann. — São Paulo : Cortez, 2013.

 Bibliografia.
 ISBN 978-85-249-2134-6

 1. Crianças - Desenvolvimento 2. Educação de crianças 3. Fantasia nas crianças 4. Psicologia educacional 5. Psicologia infantil I. Título.

13-10158 CDD-370

Índices para catálogo sistemático:
1. Linguagem e cultura infantil : Educação de crianças   370

ADRIANA FRIEDMANN

LINGUAGENS E CULTURAS INFANTIS

LINGUAGENS E CULTURAS INFANTIS
Adriana Friedmann

Capa: de Sign Arte Visual sobre mural elaborado pelas crianças da Associação Comunitária Monte Azul, dentro do projeto "As cores da paz pelas crianças do Brasil".
Preparação de originais: Ana Paula Luccisano
Revisão: Maria de Lourdes de Almeida
Composição: Linea Editora Ltda.
Coordenação editorial: Danilo A. Q. Morales

Nenhuma parte desta obra pode ser reproduzida ou duplicada sem autorização expressa da autora e do editor

© 2013 by Adriana Friedmann

Direitos para esta edição
CORTEZ EDITORA
Rua Monte Alegre, 1074 – Perdizes
05014-001 – São Paulo – SP
Tel. (11) 3864 0111   Fax: (11) 3864 4290
E-mail: cortez@cortezeditora.com.br
www.cortezeditora.com.br

Impresso no Brasil — setembro de 2013

Agradecimentos

A (Profa. Dra.) Lúcia Helena Rangel Vitalli pelas conversas cativantes, por ter me desafiado a trazer as crianças para o protagonismo desta obra e, sobretudo, pela confiança e parceria.

Ao Prof. Dr. Edgard de Assis Carvalho em quem descobri um grande mestre que introduziu um novo universo de conhecimentos na minha vida.

Ao Prof. Dr. Marcos Ferreira Santos, queridíssimo amigo, mestre e parceiro, com quem partilho o desafio de abrir portas para o universo sensível, inclusive na academia.

A Pâmela por tantas horas de conversas e leitura cuidadosa, amorosa e sensível dedicadas ao acompanhamento do meu processo.

À Folha de S.Paulo, Copipaz e Ifan pela cessão das imagens e materiais produzidos pelas crianças.

Às equipes de pesquisadores que colaboraram nas investigações citadas neste trabalho.

Dedicatória

Aos meus filhos, desde sempre inspiradores e interlocutores na minha busca de compreensão do universo das crianças.

Às crianças — meus verdadeiros mestres — protagonistas destas e de tantas outras paisagens.

Aos meus alunos e educadores, com os que tenho estabelecido tantas trocas ao longo dos anos, pelo carinho e a abertura ao diálogo sensível.

Nota da redação: Esclarecemos que as imagens do livro são originalmente em cores. No entanto, por opção editorial, estas aparecem aqui em preto e branco.

Sumário

PREFÁCIO: Paisagens infantis 11
    a) Viagem ao universo do imaginário infantil 11
    b) Onde tudo começa 13

MEMÓRIAS: Autobio 17
    Recortes de infância 18

INTRODUÇÃO: A vez e a voz das crianças 25
    a) Infância e crianças 25
    b) Caminhos 32

Capítulo I — "BRINCARES": Tempo de brincar 39
    a) Mergulhando no brincar 40
    b) Alfabetização lúdica do observador 46
    c) Comunicação nas narrativas lúdicas 48

Capítulo II — CULTURAS LÚDICAS: Mapa do brincar 53
    a) Culturas lúdicas infantis 58
    Culturas infantis 62
    b) O fenômeno lúdico 71
    c) Elementos das atividades lúdicas 77
    d) Brechas: possibilidades de entradas nos universos lúdicos... 80

Capítulo III — "DIZERES": Com a palavra, as crianças 85
   a) Linguagens infantis 86
   b) A coragem de adentrar nos labirintos infantis 91
   c) Infância pós-moderna — a infância de consumo 108

Capítulo IV — IMAGENS: Expressões plásticas 113
   a) As cores da paz pelas crianças do Brasil 113
   b) Leituras de imagens 117
   c) Imagens, imaginário e imaginação 123

Capítulo V — EXPRESSÕES: Vozes de solidão 131
        Sensações 134

Capítulo VI — OLHARES: Ciranda-rodapião 153
        Fechando o círculo 170

POSFÁCIO 173

BIBLIOGRAFIA 177

Prefácio

PAISAGENS INFANTIS

> *Tudo o que têm na frente,
> as crianças imaginam alguma coisa.*[1]
>
> *(Diego, 12 anos, São Paulo, 2011)*

a) Viagem ao universo do imaginário infantil

Empreendo uma viagem por diversos territórios infantis. Por alguns, passarei rapidamente. Em outros entrarei para conhecer as paisagens infantis que ali habitam e irei, assim, partilhar, através das imagens que mais me marcaram, as impressões e os tesouros que levo na minha bagagem. Quem sabe, possa deixar, em alguns cantos, um pouco do meu olhar sobre a infância, trocar possibilidades e saberes!

---

1. As falas das crianças serão transcritas com fonte Lucida Calligraphy para destacá-las.

Por que "paisagens"? Porque é nelas que se dá o intercâmbio entre pessoas — crianças e adultos — que criam, comunicam, transmitem, interpretam, em diversos contextos e culturas, os sinais dos sentidos construídos através dos séculos. Como bem lembra Paul Ricoeur (1994, p. 309),

> [...] precisamos do olhar do geógrafo que presta atenção ao entorno natural; do olhar do viajante que deixa o seu lugar para mergulhar no lugar do outro, fotografa as imagens significativas à sua alma. E dar lugar também ao escritor e ao poeta que irá revelar através das palavras especialmente escolhidas e sentidas, a experiência vivenciada.

Nesta "jornada interpretativa" (Ferreira Santos apud Rocha Pitta, 2005), meu roteiro não responde a uma lógica cartesiana geográfica ou histórica linear: trata-se mais de um caminhar por um labirinto, que me levou a atravessar rios, cachoeiras, lagos e oceanos, subir montanhas, descer às profundezas de cavernas, cidades subterrâneas; a explorar grandes metrópoles, pequenos vilarejos, a deitar-me nas areias quentes e finas da imaginação de inúmeras infâncias.

Que regiões são estas da infância? O lago no qual é possível mergulhar — a calma; o mar extenso — a liberdade, o perigo, a imensidão; o rio que serpenteia e dança — o inconsciente; a cachoeira com sua energia de vida; a montanha que escalamos — a aventura, o desafio; a floresta na qual nos embrenhamos — o mistério, as surpresas; a cidade que nos devora, faz-nos consumir e nos consome — as seduções externas; o campo no qual plantamos e colhemos — a paciência, a espera; o mundo virtual no qual viajamos — a segunda realidade — como a chama Bystrina (apud Baitello Junior, 1999, p. 103): "a realidade criada pelo imaginário do homem e pela sua capacidade de criar símbolos".

Em todas estas paisagens, nossos sentidos ficam aguçados: ouvimos mais atentamente, sentimos mais profundamente, enxergamos até o que não existe; cheiramos as essências profundas; experimentamos inúmeros sabores doces, amargos, picantes, salgados. Saciamo-nos de água, terra, ar e fogo. E vivemos todas as estações e climas: do verão, outono, inverno e primavera.

b) Onde tudo começa

> [...] "quando tudo começa",
> Quando a vida fica grávida do
> mundo e começa a tomar forma.
>
> (Dias, 2003, p. 231)

Quando brinca, a criança dança, fala com seu corpo e sua expressão. O que seu olhar nos diz? Ela quer nos dizer algo ou ela diz por que ela vive, simplesmente? Ela é a autora da sua própria vida. Pés bem enraizados no chão, conectando-se, através do seu centro emocional que gira em torno da sua cintura e ventre, peito-coração abertos, olhar profundo, com uma dimensão universal e arquetípica do brincar que propicia sua expressão mais completa.

É na infância do ser humano onde tudo começa. Não somente o que é da natureza pessoal e que determina o temperamento e a personalidade de cada indivíduo, como também todas as relações e vínculos que cada pessoa estabelece com seu entorno: os espaços de convivência, os atores que interagem com cada um de nós, cada olhar, cada gesto, cada atitude de empatia, antipatia ou indiferença, cada estímulo, excessos ou faltas; aconchego, frieza, rejeição, afetos ou violências, objetos, mobiliário, climas, ritmos ou a falta deles; alimentação, cuidados com a higiene, banho; as culturas à nossa volta, as músicas, os costumes, vestimentas, rituais, brincadeiras, valores.

Todos estes e muitos outros fatores são os que interferem nos primeiros anos de vida de forma dinâmica, definitiva e dramática na formação de cada indivíduo. É nestes primeiros anos de vida que as crianças mostram e expressam, da forma mais pura, menos contaminada, mais transparente, seus potenciais, suas emoções, suas dificuldades, seus medos, suas tendências.

Ao usar o termo "transparente", não quero dizer que, nós adultos, possamos apreender, ler, decifrar, traduzir com facilidade estas características, estas vozes, dada sua sutileza: são expressões, linguagens não verbais, não literais que surgem pelo sorriso, pelos lentos gestos das mãos, pelos movimentos do corpo, pelos olhares, pelo choro, pelas dores, gritos, desenhos, brincadeiras; pelas preferências e reações a estímulos externos; pelas escolhas, aceitações ou rejeições.

É quando tudo começa.

É por acreditar na importância de estarmos atentos às vozes infantis e na necessidade de nos aprofundarmos na sua elucidação, que apresento, neste trabalho, algumas vozes e exercícios de leitura e interpretação.

A esta empreitada colocam-se grandes e difíceis questões relativas "à nossa essência": *quem somos?*

> *Somos produto/consequência de nossa biologia, da natureza interior ou construção da influência do meio no qual somos estimulados ou tolhidos?*

Ou ainda,

> *Nosso ser é um esboço que já possui uma forma que os "escultores da vida" vão revelando?*

Essas perguntas que acompanham a existência humana encontram algumas possíveis respostas, nunca definitivas, pela observação, escuta e percepção, dos temperamentos, atitudes e conhecimento das marcas dos passados dos diversos seres humanos.

O momento presente — quem somos, o que e como fazemos, como nos relacionamos com o mundo — indica ao antropólogo atento e sensível, as brechas pelas quais vão se formando os "diamantes" interiores, as "pepitas de ouro", os valores, o tamanho e o estado das feridas e violências vividas.

Sendo assim, faço uma retrospectiva pessoal para tentar compreender como surgiu a preocupação com a infância no meu percurso de vida.

Desde que tenho lembrança, sempre fui uma criança observadora. Cresci no final da década de 1950 em uma família e sociedade tradicionais e autoritárias. Minha educação esteve a cargo de adultos — pais e professores — que, pelas suas próprias origens, eram bastante repressores com as crianças. O sistema, como um todo, não dava espaço para que pudéssemos ser "inteiras": vivemos, todas nós, infâncias fragmentadas. Nestes cenários, os avós sempre surgem, como aqueles que, pelo simples fato de jorrarem seu amor, paciência, carinho, presença e atenção sem limites, salvam muitas crianças de receberem uma educação unilateral — quase exclusivamente fincada no lado mental da vida e em regras moralistas. Os avós guiam seus netos pelas trilhas cheias de curvas, buracos e armadilhas dos sentimentos e das emoções.

Fui — como acredito que muitas crianças sejam — uma criança resiliente[2] que viveu pressões, nem sempre propositais. Tive contato, na minha adolescência, com crianças que também eram oprimidas e reprimidas, tolhidas, violentadas das mais diversas formas, o que acionou em mim fortes sentimentos.

---

2. Resiliência é, segundo Rutter (1987), um fenômeno de resistência a experiências negativas. Na Física, resiliência significa elasticidade. Não é inata, mas é construída a partir do esforço de cada pessoa que rodeia a criança, principalmente dos cuidadores. Rutter sugere alguns fatores importantes para a construção de um ambiente saudável: a criação de um "ninho" caloroso em volta da criança, um ambiente aconchegante, a criação de ritmos diários e o pertencimento a uma família ou grupo; ter uma pessoa de referência; estimular a brincadeira criativa; possibilitar a expressão do íntimo da criança através de alguma forma de arte; alimentar a espiritualidade por meio de contos, mitos ou lendas.

Foi neste ponto, a partir de um sentimento de compaixão, que aprendi a colocar-me ao lado delas; assim, todo o caminho que trilhei até hoje se orientou no sentido de sensibilizar cuidadores, pais e educadores, sobre a importância de ouvir, respeitar e dar espaço às vozes infantis e suas singularidades, abraçando-as nas suas inteirezas.

Enquanto escrevo cada palavra, cada linha, cada página, enquanto se escreve a história da humanidade das mais diversas formas — por meio de pais, educadores, cuidadores — muitos episódios de profunda repercussão influenciam a psique e a formação de cada criança à nossa volta. Não há tempo a perder porque o tempo escorre como fina areia entre nossos dedos, entre nossas mãos. É urgente trazermos esta necessidade de espaços de expressão e de escuta para os cotidianos infantis e reconhecer a importância de transformar nossas atitudes e nossas práticas em relação à infância.

Memórias

AUTOBIO

> Siempre que se hace una historia
> Se habla de un viejo de un niño o de si
> Pero mi historia es difícil
> No voy a hablarles de un hombre común [...]
>
> (Silvio Rodriguez, 1969)[1]

A obra de Ecléa Bosi (1987) — que resgata memórias de velhos —, e a pesquisa que realizei nos anos 1990 (Friedmann, 2006) sobre as memórias e resgate de brincadeiras infantis mostraram-me a importância dessas memórias no processo de autoconhecimento, assim como a necessidade de se dar espaço para os "brincares" na vida das crianças. Nestes mais de trinta anos, nos trabalhos de formação que realizei, utilizei vários caminhos para despertar estas lembranças nos meus alunos-educadores: propus a elaboração de maquetes a partir da memória de brincadeiras, de espaços, de objetos e de pessoas significati-

---

1. "Canción del Elegido" do compositor e cantor cubano Silvio Rodriguez.

vas — do individual para o coletivo e vice-versa; a partir de um documentário, uma poesia, uma biografia, um depoimento ou proposta de uma brincadeira, sugeria que cada aluno relembrasse suas brincadeiras de infância. Atualmente, junto aos alunos da Pós-graduação em Educação Lúdica,[2] o convite consiste em realizar uma autobiografia lúdica, puxando o fio da memória das primeiras brincadeiras, atravessando a infância, a adolescência, até o momento presente de cada autor. Estes exercícios despertam em nós emoções e sentimentos que se mostram vivos, vibrantes, alegres ou doloridos, como se os estivéssemos revivendo. Narrativas, desenhos, memórias, tudo mobiliza para um núcleo profundo que permanece presente e que não pode ser abafado, esquecido, oculto. Este é o núcleo onde mora a criatividade do ser humano.

Recortes de infância

Fazendo um profundo mergulho em alguns episódios marcantes da minha história de vida, reencontrei uma menina que só pôde ser ela quando só ou quando em liberdade.

Olhar para minha biografia pessoal e para o caminho que fui desenhando para andar por esta vida tem me ensinado a me conhecer, e a reconhecer, e me auxiliado a perceber as "entrelinhas" das vidas dos meus interlocutores — crianças e adultos.

Nasci no Uruguai, inserida em uma cultura de origem e influências espanholas e língua castelhana — latino-americana —, de cujas fontes bebi e me alimentei. Culturas de música, poesia, literatura e costumes, de onde nasceram as bases da minha educação, dos meus conhecimentos e valores.

Bebi, também, da cultura da França com seus escritores, sua história, costumes, rigidez e liberdade dialogando de forma permanente

---

[2]. Curso oferecido no Instituto Superior de Educação Vera Cruz em São Paulo.

pela ação dos meus mestres franceses: os professores mais velhos apresentavam-me o mundo a partir das exigentes lentes da educação francesa, sua literatura, sua poesia, sua história; outros, mais jovens e liberais, ensinavam-me as gírias, músicas e interesses do cidadão comum francês e seu cotidiano. A partir deste ponto, o mundo tornava-se mais amplo, meu olhar atravessava fronteiras.

Paralelamente, sorvi das culturas judaica, russa, húngara e polonesa, pelos costumes, rituais, literatura, comidas, paisagens e valores transmitidos pelos meus avós. Aí nasceu o calor, o valor dos afetos, das raízes, das tradições, dos costumes, que levei para meu próprio lar.

Ainda com 17 anos, comecei a me apropriar da língua portuguesa para, três anos mais tarde, mudar para o Brasil e mergulhar na cultura brasileira, novidade para mim naquela época. Esta mudança teve muitos e profundos significados na minha vida. Neste, que considero meu país de alma, descobri a possibilidade de poder expressar meus pensamentos e sentimentos, sobretudo por meio da palavra. A música e a literatura constituíram-se nas principais fontes e formas de como a língua e a cultura se impregnaram e ressoaram no meu corpo e na minha alma, de modo que eu pudesse descobrir, assim, uma dimensão de vida à que eu era tão alheia. Desde o início amei esta cultura, mas só fui compreendê-la mais profundamente nas suas raízes e na sua complexidade, quando tive contato com o Norte e Nordeste do país.

Que mescla de culturas ficaram impregnadas no meu ser que me tornaram esta mulher que lida com complexos sentimentos e pensamentos?!

Descubro como nos fazemos singulares pelo fruto da mistura desses caldos multiculturais que nos tornam únicos, embora a cultura de massa e globalizada insista em empurrar os seres humanos, na sua inconsciência, a ser quem não são, todos iguais.

Sou filha mais velha de uma família de quatro irmãos, pais tradicionais e exigentes. Meu pai era muito sensível e emotivo, solidário e sempre pronto a ajudar os outros, a partir das próprias verdades e, ao mesmo tempo, muito autoritário. Minha mãe, educada a seguir princípios e valores tradicionais, escondia sua sensibilidade sob uma postura radical. Nesse clima fui criada, com grandes expectativas sobre minha pessoa, meus desempenhos e comportamentos, para que fosse quem eu não era, realmente. Fui modelada para ser aquela criança certinha, para obedecer, para ser uma boa aluna e corresponder sempre ao que se esperava de mim.

Meus avôs — sobretudo minhas avós — foram minha possibilidade de receber calor, aconchego, toques, beijos e representavam uma válvula de escape da opressão que o ambiente familiar imprimia no meu ser.

O meu entorno, meu grupo de amigos foram a brecha, sobretudo no período da adolescência, para libertar e dar voz a meu ser enclausurado.

Esta é a voz de uma criança. Quem a escuta? Quem a lê?

De tantas reminiscências, trago, também, lembranças felizes, reconfortantes, calorosas e alegres. Vou pintá-las aqui. Uma delas me traz o cheiro do almoço de domingo na casa da minha avó materna, o cheiro dos móveis e seus perfumes e cremes. Eu ficava horas sentada no chão, olhando fotos antigas, sobre cada uma das quais minha avó não cansava de contar e recontar estórias que escreveram a história da família. Era como se, ao abrir as caixas com aquelas imagens em preto e branco, fosse desvendado um mundo de histórias, afetos, pessoas que, de alguma forma, faziam parte da minha própria história.

O que me encantava, especialmente, era a coleção de bonecas vindas de vários países do mundo, bonecas estas que moravam junto com os livros na biblioteca que eu percorria com meu olhar, fascinada. Essas bonecas eram o meu objeto de desejo, mas, infelizmente, desapareceram depois que minha avó morreu. Era como se estas bonecas e os conteúdos dos livros cochichassem nos meus ouvidos como era grande e cheio de possibilidades o mundo além daquele que eu conhecia até ali.

Junto com os encantamentos, eu tinha muitos medos, alguns meus e outros que — depois descobri — eram dos meus pais e foram, em mim, transplantados: medo das autoridades em casa e na escola, medo do escuro, medo do meu pai não voltar para casa...

Sentia também vergonha de levar bronca na frente das minhas amigas.

Outro sentimento que volta forte é a inveja que sentia da vida simples das minhas duas grandes amigas de infância, da simplicidade dos seus pequenos lares onde gostava tanto de ficar.

Eu me sentia uma estranha no meu ninho — na minha casa; mas me reencontrava quando voltava para a solidão do meu quarto, para o meu violão, para a música, para a companhia do meu cachorro e para o meu mundo imaginário. Tinha amigos invisíveis com quem conversava, que eram meus confidentes e participavam da minha vida.

Sentia-me livre quando estava no meu mundo, quando mergulhava nos meus livros e suas estórias e quando saía — para estar comigo mesma.

Sentia-me livre quando encontrava meus amigos, cantávamos, brincávamos, estávamos por nossa conta, vivendo nossa adolescência, trocando ideias, dando provas permanentes de amizade, querendo mudar o mundo.

Sentia-me livre, muito livre, nas férias com meus amigos, nos momentos de nossas brincadeiras e divagações; fazíamos teatro, ficávamos horas ao sol e, diariamente, montávamos a cavalo: a sensação de liberdade em cima do animal e o cuidado com ele eram alimentos para minha alma.

Esse mundo sem horários, sem vigilância, era um respiro salvador, minha válvula de escape.

Nessa época, escrevia poemas, cartas e meus diários. A palavra, a confissão, a escrita constituíram, sempre, meu canal expressivo.

Os trabalhos manuais que fazia — com miçangas e crochê de fios e lãs em composições de cores — foram meu jeito de rezar sem saber... Interessante: sempre criando formas circulares.

Desde cedo, as crianças me atraíam, começando pela minha irmã caçula, dez anos mais nova. E este impulso em direção a elas permaneceu quando passei a atuar como monitora de crianças de 11 anos. Ficava indignada ao perceber como os adultos maltratavam as crianças ou, injustamente, proferiam-lhes castigos. Mais tarde, quando fui trabalhar em pré-escolas com crianças de 3, 4 e 5 anos, não me conformava com o fato de as crianças não terem tempo para brincar. Era quando eu, de alguma forma, entrava em cena, brincando e me comunicando com elas, colocando-me sempre em sua pele.

Como seria o olhar da minha mãe sobre a criança que tinha diante de si? Como seria o olhar do meu pai e dos meus professores? Certamente absolutamente diverso do acima relatado.

E quem consegue apreender a verdade mais profunda desta criança?

Quem poderia dizer como e quem é esta criança?

Todos estes olhares somados?

Alguém, naquela época, conseguia captar as emoções, interesses e temperamento mais profundos da menina primogênita daquele casal?

Quantas vozes diversas e olhares cruzados podem conectar-se com o mesmo ser humano, o leem, percebem e interpretam! A cada instante, uma escuta, que, dali a pouco, virará outra. E assim, o homem tenta decifrar o outro para compreender a si mesmo. Impossível esta trama ter fim, por sermos tão complexos e contraditórios, repletos de olhares, escutas e percepções próprias e dos outros. E nesse sentido, o ser humano é um fascinante e indecifrável mistério, o que nos torna mais e mais curiosos e motivados a explorar suas (e nossas) paisagens iluminadas, obscuras, expostas e ocultas.

O que vemos ou ouvimos nem sempre remete-nos a quem o outro é. O exercício que nos desafia é o de olharmos pelas frestas e descobrirmos retalhos da paisagem que, de início, observa-se através da janela, de escutarmos os sussurros, os silêncios, a música e as diversas vozes verbais e não verbais. E lermos, nas entrelinhas, outras narrativas que falam pelas cores, pelas formas, movimentos, gestos, escolhas, rejeições...

> A poesia, a literatura, assim como o conjunto de todas as artes criam uma fantástica reserva de emoções, abrem janelas para o mundo, acionam níveis de realidade não percebidos pela linguagem fria e distante de conceitos, teorias, métodos.
>
> (Carvalho, 2009, p. 1)

Tendo enfrentado o desafio de olhar minha própria paisagem interior, posso, agora, puxar alguns fios da tapeçaria que fala de mim:

- música — trazida pelos *long-plays*, pelo canto, pelo som do meu violão e da minha gaita: o mundo ampliava-se de fora para dentro, trazendo diversas culturas para o meu pequeno mundo;
- palavra — a leitura era um mergulho sem volta que me incitou, também, à escrita espontânea de diários, poemas, cartas;
- teatro — talvez, o único lugar onde a percepção do meu corpo, dos meus gestos e a minha expressão única faziam-se presentes;
- jogo — sempre permeando meus cotidianos com meus amigos, com as crianças à minha volta, com meus alunos;
- tempo — tempo sem tempo, em que se formavam os vínculos com os mais velhos, com os mais novos, preenchendo minha alma, minhas carências, minhas lacunas, me alimentando.

O que me levou a inquietar-me com o respeito à essência dos seres humanos?

O que me levou a escolher o caminho da educação, da antropologia da infância e do cuidado com os cuidadores?

O que me levou a escolher os caminhos do lúdico e das artes para comunicar e me comunicar?

Puxo, novamente, os fios da minha antropologia pessoal, percebendo quantas vozes dentro de mim clamavam por serem ouvidas: minha criança, que buscou, sempre, caminhos expressivos; minha educadora interior sempre a postos para orientar, transmitir a partir do seu ponto de vista, do seu olhar — educadora que vem aprendendo a ouvir, sensibilizando-se com as imagens que a impregnam; minha viajante-aventureira que vai pelo olfato, pela intuição, percorrendo, às vezes, estradas perigosas, embrenhando-se em densas, escuras e assustadoras florestas. A criativa-inspirada-lúdica personagem que sou, mais uma voz, que está no mundo.

E desta forma, tantas emoções, sentimentos, vozes, imagens e personagens vão povoando nossos cotidianos, realidades e imaginações, e embora acreditemos ter uma voz única, somos portadores de inúmeras melodias entrelaçadas e inspiradas, de tantas outras que cruzam nossos caminhos. Às vezes afinadas, outras desafinadas, buscando ritmos próprios.

Este trabalho é uma tapeçaria construída a partir da minha história como ser humano, tramando fios de diversas texturas e cores que foram se incorporando no decorrer de mais de meio século da minha vida. Entrelaçam-se aqui emoções, reflexões e inspirações, vindas da complexa experiência que me transformou em mulher, mãe e profissional. Este trabalho é o resultado, até aqui, de muitas experiências, vivências e observações tecidas dentro e fora do meu corpo e do meu ser. Cada capítulo presta homenagem a algum dos trabalhos de formação que tive o privilégio de criar e conduzir na última década, no contato com crianças e educadores, autênticos protagonistas deste novo século.

Introdução

A VEZ E VOZ DAS CRIANÇAS

a) Infância e crianças

A infância é — ou deveria ser — um período de experimentações, sensações, sabores, cores, brincadeiras. Mas, no mundo atual, o que está interferindo para que esta infância não seja vivida de forma plena e saudável?

Qual é nosso referencial de infância? De que crianças falamos ou em que crianças pensamos quando planejamos aulas, atividades ou encontros voltados para elas? Quem é esta criança real, à nossa frente, distante do nosso ideal de criança?

Muitos são os estudos que têm se debruçado sobre a infância, mas ainda mantemos em nosso inconsciente coletivo muitas ideias de uma infância romântica e idealizada. Será que é possível olhar de frente e profundamente para estas crianças que partilham hoje, conosco, dos seus cotidianos? É possível aceitá-las nas suas singularidades? As propostas educacionais e de tempo livre para estas crianças reais de carne, osso e alma estão sendo adequadas?

A infância tem sido pensada, estudada, pesquisada de forma multidisciplinar, começando pela história, antropologia e cultura da infância, incursionando pelos estudos feitos nas áreas de psicologia, educação, medicina e outras afins das ciências humanas, para adentrar nas neurociências, que têm significativa contribuição a oferecer quanto à compreensão da importância desta fase na vida dos seres humanos. Há, também, reflexões a respeito da influência exercida pela mídia e pelo mercado na construção deste conceito.

Agamben (2005) sugere que a infância carrega o sentido de toda uma existência. Deve ser percebida como algo fundamental ao homem, e não como exclusividade da criança, porque na infância está a origem da humanidade e, portanto, do movimento da história.

Já as crianças constituem grupos ou "territórios" com suas estruturas e seus modelos de comportamentos particulares, seus gêneros de vida, com seus direitos, culturas, rituais, linguagens. É dentro dos grupos que se elaboram as culturas infantis.

A infância, comenta Prout (2005), como qualquer fenômeno é heterogênea, complexa e emergente e, por ser assim, sua compreensão requer um amplo cenário de recursos intelectuais, uma abordagem interdisciplinar e um processo de investigação de pensamento aberto. O desejo de achar formas de pensamento mais flexíveis, não dualistas, que possam expressar as ambiguidades da vida contemporânea é amplamente encontrado em várias disciplinas e em relação a vários e diferentes tópicos empíricos.

As narrativas que os biólogos tecem sobre a natureza desenham e contribuem para as fontes culturais, no alcance do seu horizonte de tempo histórico. A complexidade da natureza e a cultura, por meio da qual a ciência é constituída, é a condição de toda vida humana, mesmo que não sejamos capazes de compreender, exatamente, como seus diferentes níveis se fusionam, interagem e relacionam-se entre si. Quando biólogos começam a aceitar, como têm feito, que a cultura constitui uma parte importante na compreensão do comportamento humano, uma porção do terreno para um diálogo interdisciplinar, algo começa a ser plantado. Mais importante ainda é o reconhecimento de que a biologia e a cultura podem trabalhar juntas, não como causa e efeito, mas numa via mais recíproca, através de sistemas complexos que se desenvolvem ao longo do tempo. Assim, um passo é dado por meio do reconhecimento do hibridismo da vida humana, incluindo a infância.

Se os estudos da infância quiserem constituir-se em um campo realmente interdisciplinar, precisam ultrapassar o dualismo natureza--cultura: não devem alegar que a infância é cultural e deixar de lado tudo o que lhe diga respeito quanto ao aspecto biológico ou vice-versa. Isto significa deixar a fronteira aberta entre natureza e cultura; perceber que a infância estendida faz parte de nossa história como espécie, condição que partilhamos com outros primatas. Nessa perspectiva, a infância pode ser vista como uma tradução da biologia na cultura.

Em seu ensaio *Ce que les enfants disent*, Gilles Deleuze (1993) observa que as crianças mantêm, com frequência, um fluxo contínuo de falas sobre qualquer atividade na qual estejam envolvidas. Suas atividades podem ser vistas como trajetórias dinâmicas de práticas e suas falas como mapas mentais construtores dessas trajetórias. As autofalas das crianças são um exemplo de como seres tornam-se humanos por meio de um processo sem fim de descoberta. As crianças esforçam-se em tornarem-se o que desejam ser. Elas traçam uma trajetória que negocia com as estruturas mais rígidas e expectativas existentes à sua volta, o que Deleuze chama "linha (ou plano) de organização". Esta inclui referências como a família e a escola, que estão relativamente fragmentadas em instituições separadas ou territórios, cada um com suas próprias regras e normas de comportamento. Tais regras operam criando dicotomias mutuamente excludentes: cultura e natureza; macho e fêmea; criança e adulto; casa e escola, que se esforçam para formar crianças, fixá-las em padrões "normais" — limitando, assim, seus desejos e criatividades, mas, ao mesmo tempo, criando estabilidade e, desta forma, fazendo o mundo parecer mais certeiro e menos assustador. Nesse processo, as crianças são incorporadas no plano das organizações, mas também traçam "voos" fora dele. Isto as transforma, permite-lhes entrar em novas formas expressivas e de conteúdos e, assim, criar algo novo no decorrer do processo.

Além disso, as crianças estão sujeitas a grande influência dos meios de comunicação de massa e enfrentam um desafio cada vez mais difícil: lidar com a diversidade de reconfigurações pelas quais passam as famílias, o que supõe reencontrar "uma alma de criança".

A abordagem socioantropológica, hoje representada por pensadores como William Corsaro, Manuel Jacinto Sarmento, Régine Sirota, Jens Qvortrup, Clarice Cohn e Ângela Nunes, entre outros, trata de trazer à tona as significações que as crianças atribuem aos diversos componentes dos estilos de vida que levam, considerando comportamentos, representações e contextos de naturezas múltiplas. A abordagem socioantropológica constitui-se em um paradigma menos redutor, menos "engessado" do que os anteriores, que vislumbro, possa dialogar com a educação para ampliar o olhar desta sobre as crianças.

> As crianças devem ser consideradas uma população ou um conjunto de populações com pleno direito, com seus traços culturais, seus ritos, suas linguagens, suas "imagens-ações" *ou*, suas estruturas e seus "modelos de ações".
>
> (Javeau, 1978)

Vivemos tempos permeados de modismos e imensas ondas tecnológicas e consumistas, cujas consequências têm sido: o encurtamento da infância, uma precocidade em muitas intervenções junto às crianças; sobretudo, diria, uma imensa falta de respeito pelo ser mais profundo de cada um destes pequenos que tanto têm a nos ensinar. Vivemos tempos de rasgada violência,[1] não somente pela voracidade das informações nas nossas vidas, o hipnotismo e a paralisia das nos-

---

1. Violência — alguns fatores contribuem para o aumento da agressividade:
- no contexto social, a pobreza e o desemprego: crianças trabalhando na rua, prostituindo-se, drogando-se, traficando, roubando e mendigando pela falta de condições de uma vida digna; a falta de assistência educacional e à saúde;
- nos meios de comunicação, a influência nociva de alguns *videogames*, programas de TV e computadores através dos quais são veiculadas, em forma de filmes, jogos, histórias em quadrinhos e propagandas, ideias e situações agressivas e destrutivas;

sas emoções e sensações, mas, sobretudo, pelo terrível atropelo no ritmo cotidiano dos pequenos, pela falta de presença de pais e educadores para ouvir e observar o que as crianças têm a nos dizer. Passamos por uma profunda crise de valores em que vivemos situações de violências cotidianas desenfreadas, que se iniciam desde a primeira infância; violências estas que provocam inquietações e questionamentos àqueles que trabalham na construção e consolidação de infâncias dignas e saudáveis. Violências que afetam as crianças e não passam, unicamente, pelos aspectos físicos, mas por agressões com palavras, silêncios, gestos; pressão escolar precoce ou inadequação de propostas educacionais. Violências que desrespeitam as singularidades individuais, a diversidade dos diferentes grupos infantis e suas culturas. Violências que ocorrem nas famílias de classe média alta; junto às crianças que moram nos cortiços e nas favelas (muitas vezes veladas e ocultas) com toda a carga de influência que o entorno provoca nos pequenos. Violências nas diversas comunidades indígenas, ribeirinhas ou quilombolas, muitas vezes originadas por um desrespeito, por parte do grupo local externo que não aceita estas culturas ou tenta transformá-las (Rangel, 2010). Violências que adentram lares e infâncias através da televisão, internet, jogos de *videogames, hackers* etc.

Por que não conseguimos ouvir as crianças? Para onde achamos que as estamos conduzindo nesta nossa semiconsciência, arrastados e vítimas também que somos de uma sociedade adormecida na sua crueldade de tratamento inumano? A alma, a essência das nossas crianças — filhos, alunos etc. — e da nossa criança interior, está abafada. É para esta consciência que convido o leitor a acordar para abrir a porta que nos permita adentrar e compreender este universo da infância atual.

No presente trabalho trago, para frente do palco, algumas vozes e imagens de crianças que irão dialogar com poetas, teóricos, filósofos. Contribuo, também, com reflexões a respeito da infância, suas lingua-

---

- em muitas famílias observam-se maus-tratos, falta de negociação e de diálogo; castigos físicos ou falta de limites; desestruturação familiar; falta de tempo para os filhos.
- O *bullying* — subconjunto de comportamentos agressivos, de natureza repetitiva e desequilíbrio de poder — pode ser reconhecido na escola, na família, nas comunidades, nos clubes, nas prisões etc.

gens expressivas, resultados de vivências e pesquisas diretas ou indiretas (via voz dos adultos) junto a estas crianças. Experimento e proponho caminhos de observação, escuta e leitura dos universos infantis, com o intuito de estimular educadores, pais e cuidadores a darem voz às mesmas e criarem espaços para ouvi-las e olhar para elas: para poder, assim, ressignificar propostas educacionais a partir de necessidades, potencialidades e interesses expressos pelas crianças de hoje, por meio das suas variadas linguagens. E, muito especialmente, para que os adultos possam se religar nas suas intuições e percepções individuais, tomando coragem para empreender caminhos mais significativos em prol destas infâncias que hoje nos desafiam.

André Dargelas (1828-1906), França

Penso em crianças como "campo semântico de coloração deliberadamente antropológica" (Javeau, 1978). Os indivíduos reagrupados sob esse nome constituem um "território", no sentido literal (as populações ditas "primitivas") ou metafórico do termo, de contorno mais ou menos preciso no tempo e no espaço, com suas estruturas e seus modelos de comportamentos particulares, seus "gêneros de vida, isto é, seus sistemas de ação construídos pelos próprios atores" (Juan apud Javeau, 1978).

Quando defendo a importância de dar voz às crianças, sustento que elas estão permanentemente falando, dizendo, expressando, por inúmeros meios, seus sentimentos, percepções, emoções, momentos, pensamentos, mesmo sem consciência de fazê-lo.

Quando sustento a necessidade de ouvir as crianças e não querer enquadrá-las, isto também diz respeito à importância de nos determos e percebermos nossos próprios sentimentos e percepções — nossos e delas.

Quando sustento a necessidade de olhar e ouvir as crianças e compreender suas mensagens, refiro-me às crianças de fora e às crianças de dentro, às crianças das memórias e às crianças do momento atual, às crianças desta e de qualquer outra cultura. Cada um de nós é constituído por uma multiculturalidade de infâncias que provém das memórias orgânicas, das memórias influenciadas pelas culturas arquetípicas, materna, paterna, a multiculturalidade das nossas raízes familiares, comunitárias e as pós-modernas.

Esta multiculturalidade influencia e transforma as imagens que percebemos e recebemos ao olharmos para uma criança outra, fora de nós e, do mesmo modo, atua ao traçarmos pontes com a nossa criança interior que está, também, em movimento e transformação contínuas.

Quando defendo um lugar para a voz das crianças e outro para a compreensão dessas mensagens por parte dos adultos, quero enfatizar a urgência de determos, por alguns momentos, a tempestade, o trovão que o mundo externo massificado vem troando para paralisar a essência profunda de cada um de nós; a urgência de retomar contato com nosso ser mais profundo, com nossas imagens interiores, ao nos vincularmos às imagens expressivas das crianças à nossa frente; a urgência de ouvi-las e ouvirmo-nos para ressignificar, recriar, transformar os nossos cotidianos de forma mais significativa e digna.

b) Caminhos

Esta obra busca demonstrar a importância de o adulto observar, perceber, ouvir, ler e compreender as expressões do universo e das culturas das crianças.

Aprofundando nesta linha de pensamento e de leitura, este trabalho tem como objetivos:

- apresentar, ler e interpretar diversas manifestações e expressões multiculturais verbais e não verbais infantis;
- contribuir, junto aos educadores, com ensaios e propostas de leituras circulares, como caminho para a compreensão destas linguagens e expressões;
- atiçar o diálogo entre a antropologia e a educação e instigar pesquisas junto às crianças.

Na prática dos trabalhos de campo, os antropólogos vivem, durante algum tempo, com a comunidade ou sociedade estudada, numa dimensão de dialogia. Há um impacto na percepção do observador que estabelece uma conexão com o ponto de vista do "nativo" para dar sentido ao que está sendo observado: ele vive as conexões no campo como problemas existenciais.

Coloca-se o desafio de transformar o exótico em familiar.

A antropologia volta-se para a compreensão do outro, de um grupo social distante do pesquisador que pode ser, em um segundo momento, seu próprio grupo.

É dada ênfase ao conhecimento apreendido por meio das percepções que o pesquisador elabora, a partir da experiência empírica.

O ofício do antropólogo tem, como principal característica, a capacidade de desvendar ou interpretar evidências simbólicas, às quais ele só pode ter acesso por meio de representações, visões do mundo ou da ideologia do grupo estudado: necessidade de estabelecer uma conexão fecunda entre seu horizonte histórico-cultural e o ponto de vista do nativo — aspecto-chave da pesquisa antropológica.

Por outra parte, os pedagogos, professores, cuidadores assumem o papel de ensinar, formar, tomar conta, transmitir e orientar aqueles que estão sob seus cuidados ou responsabilidade. Eles partem do pressuposto de que teorias, conteúdos curriculares e metodologias de ensino preestabelecidas possibilitam as diversas aprendizagens, sem considerar, geralmente, a diversidade cultural como fator que influencia nas formas em como acontecem estas aprendizagens.

Por que fragmentar estes ofícios? Não seria possível e desejável integrá-los?

Os nomes das crianças que aparecem nesta obra como autoras e protagonistas foram trocados por questões éticas.[2] As idades e localidades permanecem originais.

Fotografias, pinturas, falas e desenhos que constam desta obra aparecem com autorias ou autorizações de uso de imagens identificadas por siglas, impressas no lado direito inferior de cada uma. A seguir, encontram-se as nomeações por extenso das iniciais usadas em cada sigla e a identificação de cada símbolo:

* A. F. — Adriana Friedmann (autora deste trabalho).

* D. P. — Domínio público (©): imagens utilizadas com autorização dos responsáveis pelas crianças, pais ou educadores, de forma direta ou por meio das instituições que cederam os materiais para as pesquisas.

* Algumas imagens apresentam uma identificação por extenso, logo abaixo de sua margem inferior.

---

2. Importante referência são as reflexões de Kramer (2002) a respeito da ética nos registros de imagens e documentos de crianças.

> O tecelão é, por excelência, aquele que une os fios numa trama. Tece com o tear de madeira cujas pequenas partes, rocas, pentes, novelos vão constituindo, pouco a pouco, a paisagem urdida de algo que até então eram apenas fios enovelados em si mesmos.
>
> (Ferreira Santos, 2004, p. 159)

A fim de poder entrelaçar meus pensamentos e sentimentos, escolhi a imagem da *mandala*,[3] que podemos encontrar na natureza, fiada pelas aranhas; há, também, *mandalas-flores*; *mandalas* pintadas ou entrelaçadas pelo homem.

Os fios, pontos, laços e mãos que fiam contam muitas histórias interiores, permeadas de emoções, sentimentos e pensamentos raramente desvelados, compreendidos. Criar formas circulares tecendo um ponto com outro é um exercício de profunda interiorização.

Trago esta imagem para poder olhar para estas tramas que inspiram a *mandala* que irei tecer nesta obra.

Vou usar os fios da minha intuição para que meus sentimentos possam se entrelaçar com meus pensamentos.

O percurso que inicio tem sua origem — as primeiras laçadas — bem antes que eu aprendesse a tecer, muito antes que eu tivesse consciência das tramas que se tecem na vida dos seres humanos.

Com esta imagem e, a partir dos sentimentos, emoções, impressões que os eventos que aqui serão relatados despertaram em mim, fiarei diferentes mensagens vindas dos universos infantis pesquisados.

Estes delicados fios invisíveis que habitam no centro das nossas emoções constituem as escritas que criam as narrativas que venho aqui partilhar.

---

3. *Mandala* é um termo oriental introduzido no ocidente por Carl Gustav Jung (1875-1961) para expressar a totalidade da psique em todos os seus aspectos, incluindo o relacionamento entre o homem e a natureza. A palavra *mandala* provém do sânscrito, língua falada na Índia antiga, e significa, literalmente, um círculo, sendo entendido, também, como "o que contém a essência" ou, ainda, "o círculo da essência".

A imagem desta trama circular tem, no seu núcleo, a essência que constitui o ser mais profundo de cada indivíduo, que diz da sua natureza, dos seus potenciais.

Nos capítulos a seguir, apresento algumas narrativas infantis que tive o privilégio de escutar em diversos contextos e com crianças de variadas faixas etárias. Estas narrativas revelam suas vozes sob diferentes formas expressivas, brincadeiras, desenhos, confissões, pinturas, emoções, em diálogo com fragmentos de memórias, poesias, filosofias e pensamentos.

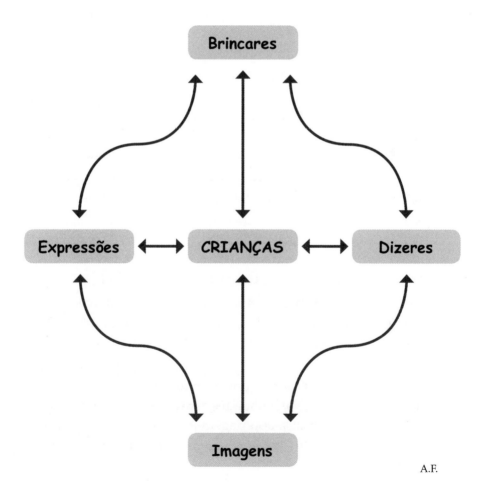

A.F.

A presente obra circula por Brincares — *Tempo de Brincar e Culturas Lúdicas*. Dizeres — *Com a palavra, as crianças*. Imagens — *Cores da Paz pelas crianças do Brasil*. Gestos, expressões e atitudes — *Vozes de solidão*. Esta roda encerra-se com uma proposta de leituras circulares.

No Capítulo I — **Brincares**: Tempo de brincar — descrevo uma brincadeira em suas minúcias e realizo um mergulho profundo para levar o leitor a perceber, sentir e tentar ler o que está na essência da dinâmica vivida. Aponto algumas reflexões a respeito da comunicação da brincadeira e da imaginação.

No Capítulo II — **Culturas lúdicas**: Mapa do brincar — a partir de pesquisa realizada em 2009, Mapa do Brincar, (na qual mais de 10.000 crianças do país todo contaram do que e como brincam), seleciono e comento algumas destas brincadeiras e discuto o conceito de culturas lúdicas infantis e do fenômeno lúdico.

No Capítulo III — **Dizeres**: Com a palavra, as crianças — o ponto de partida foi um concurso promovido, em 2007, pela Folhinha, caderno do jornal *Folha de S.Paulo*, evento em que por volta de 7.000 crianças encaminharam desenhos e narrativas contando o que para elas era ser criança. Algumas destas falas são aqui apresentadas e comentadas, trazendo à tona inúmeras temáticas que falam da realidade da infância hoje: falo aqui das linguagens infantis e da infância pós-moderna.

No Capítulo IV — **Imagens**: Expressões plásticas — em pinturas realizadas por crianças — individuais e coletivas — adentro nas imagens, ensaiando algumas interpretações delas.

No Capítulo V — **Expressões**: Vozes de solidão — imagens e falas infantis que dizem dos vários tipos de solidão foram caminhos para adentrar nas emoções infantis e na realidade das crianças de hoje.

No Capítulo VI — **Olhares**: Ciranda-rodapião — estabeleço um diálogo, no qual, a partir de perguntas comuns a muitos educadores, reflito e dou sugestões de possibilidades para observar e ouvir crianças, fazer pesquisas e repensar a abordagem junto a elas, de forma mais ampla e profunda. Aponto, também, a importância do autodesenvolvimento dos educadores.

Todas as manifestações e vozes, descritas e lidas no decorrer desta obra, entrelaçam-se pelos sentimentos, emoções e impressões, a partir e em torno das crianças, em um processo circular ininterrupto.

> Ce qu'il faut chercher c'est [...] une langue jamais colligée dans aucun dictionnaire, nullement présente en son intégrité dans aucune tête [...] et pourtant présente comme la chaîne est présente à la trame de la tapisserie: constituant en ce sens spécial une espèce d'inconscient collectif.[4]
>
> (Ramnoux, 1979, p. 247)

---

4. "Precisamos procurar [...] uma linguagem nunca reunida em nenhum dicionário, não presente na sua integridade em nenhuma cabeça [...] e, no entanto, presente como o laço está presente na trama da tapeçaria: constituindo nesse sentido especial uma espécie de inconsciente coletivo" (tradução livre).

CAPÍTULO I

"BRINCARES":*
Tempo de brincar

Em 1992, trabalhando com formação de educadores na sensibilização da importância do brincar, chegou às minhas mãos o documentário "Tempo de brincar". O vídeo foi produzido nos anos 1980 por uma companhia de brinquedos europeia, com o intuito de retratar o brincar em diversas culturas e faixas etárias, ao redor de várias regiões do mundo. A escolha destas imagens pelos produtores do vídeo reside na riqueza da diversidade cultural lúdica, da possibilidade de partir de situações espontâneas de jogo, da multiplicidade de faixas etárias e da variedade de situações.

Tenho trabalhado com este precioso material, realizando, junto com meus alunos, diversas leituras dele. Junto com vários estudos, assistir inúmeras vezes às imagens de brincadeiras, captadas através das lentes deste sensível diretor, levou-me a aprofundar minhas reflexões e percepções a respeito do potencial das brincadeiras e dos jogos na vida dos seres humanos.

---

* Este termo foi criado pela autora sugerindo a pluralidade do Brincar.

A partir da profunda impressão que muitas dessas imagens causaram em mim, faço um recorte e opção de uma imagem, que leio e analiso a seguir.

a) Mergulhando no brincar

> Escolhi o Jogo dos Ossinhos por tratar-se de uma brincadeira universal tradicional que se perpetua até os dias de hoje e pelo grande prazer que tinha em praticar uma e inúmeras vezes este jogo na minha própria infância. Eu brincava com saquinhos de arroz e com "jacks", espécie de peças de metal de cinco pontas, acompanhados de uma bolinha. Sempre os levava comigo e podia brincar a qualquer hora e em qualquer lugar, só ou com outras companheiras de jogo.

OBSERVAR

Trazer debaixo da vista, fixar os olhos em;
constatar, considerar com atenção, perceber.
"Os olhos recebem figuras, formas, cores, átomos que se ofertam
aos sentidos do homem que nunca erram" (Epicuro e Lucrécio).

As meninas que aparecem no documentário encontram-se em um espaço externo, absolutamente impregnadas e concentradas nos ossinhos que protagonizam a brincadeira. Sabe-se que este vídeo foi filmado na década de 1980 em diversos países, e a cena em questão parece se passar em um país Centro-América — pelo que consta nos créditos — a Guiana Francesa. As brincantes não tiram os olhares dos ossinhos, nos seus percursos da terra para o céu e do céu para a terra, controlando-os com a delicadeza da preensão dos seus dedos, como se eles fossem prolongamentos, integrados aos gestos de mãos e olhos. O que mais importa para as garotas, nestas tensões que se alternam entre uma e outra, é não perder, nem por um segundo, o percurso, o itinerário de cada ossinho, colocando-os com precisão e habilidade no melhor lugar possível para a jogada ser bem-sucedida. A menina que joga sua vez prende a respiração, pensa metabolicamente junto com seus movimentos, faz todo seu corpo participar por inteiro da dança dos ossinhos. A menina que observa — vigia e não perde nenhum detalhe — tem também sua respiração suspensa por alguns segundos que parecem horas. Esta pausa — entre a inspiração e a expiração — é um breve, mas infinito intervalo, do qual somente participa esta dupla que se juntou para esta brincadeira. Nada do que possa acontecer ao redor ou fora deste círculo sagrado de cumplicidade parece distrair estas duas garotas que estão, aqui e agora, "conversando", comunicando-se entre si, com seus corpos, olhares, gestos e mãos, ligadas ao chão, aos ossinhos e ao céu. Brincadeira? Dança? Conversa? Que linguagem é esta?

Ao mesmo tempo que este jogo é conhecido desde a Antiguidade e é universal, neste recorte, neste instante, neste parêntese, é único porque jogado por estas duas garotas, neste contexto, neste tempo, neste espaço.

Onde se originam as brincadeiras? Ao mesmo tempo que fazem parte da própria natureza do ser humano, são reconstruídas em cada grupo infantil. São fenômenos arquetípicos, universais, culturais, de transmissão oral, intrageracional.

Este é o caso da brincadeira das "Cinco Marias", também conhecida como jogo dos saquinhos, cinco pedrinhas, *jacks*, jogo dos ossinhos, entre tantos outros nomes, brincada desde a Antiguidade com diversos materiais em todas as regiões do mundo. Brincadeira transmitida de forma oral que constitui um desafio à coordenação, à atenção, uma troca não verbal dentro de um círculo sagrado de uma, duas ou mais crianças, desafiadas, pelo espaço, pelos materiais, pelas suas habilidades. As crianças adentram outro tempo, outro universo — o delas — ao mergulharem nesta brincadeira: sem sabê-lo, estabelecem conexões céu-terra, espírito-matéria.

Algumas curiosidades sobre o Jogo dos ossinhos.

O nome original é Astrágalos ("cucarne") que significa *estrela* e cuja procedência vem da Grécia, Ásia e Roma.

Na época da civilização greco-romana, os ossinhos — "astrágalos" para os gregos, "talus" para os romanos — eram patas de carneiros. Mais tarde, foram fabricados em cristal de roca ou em bronze, conservando a forma original.

No início eram usados para predizer o futuro e como jogos de azar. Mais tarde, tornou-se um jogo praticado, sobretudo, pelas meninas. Os astrágalos constituem os ancestrais dos dados.

Encontraram-se testemunhos da sua existência em vasos gregos com figuras de deuses e mortais jogando. Assim mesmo, estes jogos são mencionados na *Ilíada* e na *Odisseia* de Homero.

Os soldados gregos teriam aprendido a jogar durante a Guerra de Troia.

Os romanos difundiram o jogo nos países em que realizavam campanhas militares.

No Ártico, na Rússia e na Polinésia era considerado jogo popular.

Os esquimós na Groenlândia brincavam com ossos de focas.

Nem só de osso foi feito o material da brincadeira: outras possibilidades usadas foram ganizes naturais, pedra, marfim, bronze e plástico.

O objetivo do jogo já consistiu, em épocas passadas, em formar diferentes figuras.

Volto, agora, à imagem do vídeo.

Observando o contexto no qual as duas meninas estão inseridas, pode-se apreciar um espaço que parece o pátio de uma casa. No fundo, observa-se uma mulher passando roupas, pneus no chão; ouvem-se vozes e gritos de crianças ao longe, buzinas de veículos. Mas, o som dos ossinhos caindo sobre o chão — aparentemente de cimento queimado — cria o clima da brincadeira e faz parte do ritual. As meninas são morenas, levam, ambas, vestidos claros floridos, chinelos e os cabelos recolhidos e arrumados. Estão sentadas no chão, uma em frente à outra, em posição espelhada — apoiadas, ambas, sobre seu lado esquerdo e com as pernas recolhidas para o lado oposto. Aparentam ter entre 12 e 14 anos. Pode-se perceber que elas conhecem muito bem as regras. Cada uma tem seu conjunto de ossinhos e alternam-se na vez de jogar. É possível acompanhar o movimento dos olhos para cima, ao jogarem uma das pedrinhas, enquanto hábeis mãos mexem cada ossinho (mudando o lado deles), para depois recolhê-los em conjunto. Algumas palavras são pronunciadas, mas parece mais uma fala para si mesmas do que para comunicar algo de uma para a outra: como se a palavra fosse a assinatura da jogada conquistada. Alguns sorrisos são esboçados ao longo das sequências, mas a seriedade do momento é a característica da cena.

O que é possível ler? Corpos que, inteiros, entram nesta dança-brincadeira e estão, metabolicamente, conectados à terra, ao céu e aos ossinhos. O diálogo não ocorre nem pela palavra nem pelo olhar: uma observa a jogada da outra, o movimento das habilidosas mãos e cada detalhe da posição e trajetória dos ossinhos. Tempo, agilidade, sincronização de movimentos, habilidades e desafios permanentes parecem ter sido brincados, praticados, exercitados, muitas e muitas vezes antes, para chegar ao perfeito desempenho que se pode observar nesta cena.

As meninas da cena selecionada falam com seus movimentos de mãos e olhos, com seus gestos, e criam uma cena cujo resultado depende da coordenação e habilidade muito exercitada para conseguirem passar pelo percurso e vencer os desafios que a brincadeira propõe.

Quem observa, precisa estar muito conectado para adentrar a interioridade da brincadeira; conectado não somente com a situação e reações dos brincantes, mas também com suas próprias percepções, *insights* e emoções. Ao mesmo tempo, há desafios que se lhe apresentam: não interferir, não julgar, ser o mais objetivo possível com relação ao que acontece; e, concomitantemente, ser o mais subjetivo possível com relação ao que sente.

Na cena descrita, foi utilizado o recurso do filme que tem a vantagem de poder ser assistido inúmeras vezes, e até em câmera lenta.

Cada observador verá situações semelhantes, mas o ponto de vista de cada um será sempre muito particular, pois os *insights* e sentimentos são absolutamente individuais. Na situação descrita, alguns poderiam somente ver a brincadeira, outros, os corpos, outros, o entorno, ou as estratégias, e assim por diante.

Há uma ancestralidade neste jogo de ossinhos e a brincadeira é uma forma inconsciente de conexão terra-céu: joga-se a sorte e o destino está traçado, mas há, ao mesmo tempo, o livre-arbítrio dos movimentos realizados. Outra leitura poderia ser "assim embaixo como em cima".

Pode-se, aqui, falar da habilidade de se colocar no lugar do outro e o potencial de desenvolvimento e socialização desta brincadeira. Há um código do silêncio e outros tantos códigos preestabelecidos — as regras da brincadeira — que sugerem acordos explícitos entre os jogadores. Há uma moral que permeia a atividade.

Relato do jogo das "Cinco Marias" feito por Nádia, de 10 anos, Belo Horizonte (2009):
O jogo tem nove desafios:
1) O jogador pega todas as "Marias" e joga-as no chão. Em seguida ele escolhe uma, joga para o alto e pega uma no chão, ficando com as duas na mão. Vai separando as que conseguir pegar e com a "Maria" que escolheu tenta pegar as outras, sempre uma de cada vez. Se não conseguir pegar, passa a vez para o outro jogador, se conseguir, vai para o segundo desafio.
2) Desta vez o jogador deve tentar pegar duas "Marias" de cada vez.
3) Pegar três "Marias" de uma vez e depois pegar a que ficou sobrando no chão.
4) Pegar as quatro "Marias" do chão de uma só vez.
5) Jogar todas as "Marias" no chão e fazer uma ponte com uma das mãos. Em seguida escolher uma "Maria" novamente, jogá-la para o alto e tentar passar debaixo da ponte. Sempre pegando a que jogou para o alto.

6) Passar duas "Marias" de cada vez por baixo da ponte.
7) Passar três "Marias" de uma só vez e depois passar a que sobrou.
8) Passar as quatro "Marias" de uma vez por baixo da ponte.
9) Juntar as cinco "Marias" e jogá-las para o alto tentando pegar com as costas da mão.
Quando o jogador erra, ele passa a vez e quando volta a jogar, começa do desafio que estava.
Ganha o jogo quem conseguir cumprir todos os desafios, ou no final, quem conseguir colocar mais "Marias" sobre as costas da mão.
Construção das "Marias": recortar quadradinhos de pano e costurar três lados. Colocar areia ou arroz dentro do saquinho pelo lado aberto e costurar em seguida. Se quiser saquinhos com rostos de "Maria" é só recortar o retalho redondo, colocar arroz ou areia dentro, fechar o paninho com as mãos e costurar apenas em cima. Em seguida pintam-se olhos, nariz e boca com tinta para tecido e coloca-se cabelinho de lã no lugar onde fechou o saquinho. Vai ficar lindo!!

Juntando a imagem das meninas do documentário, com relatos como o anterior, ou com imagens de muitas outras crianças observadas em outros contextos, e com lembranças das emoções pessoais que tenho da minha própria experiência, percebo uma ancestralidade impregnada neste ato prazeroso de brincar, em que elementos naturais incorporam-se para criar uma linguagem única e, ao mesmo tempo, universal. Um desafio individual e gestos próprios de cada brincante. O gesto destas mãos rápidas, olhares atentos, cuidado com o tesouro destes ossinhos, ou das pedrinhas, ou das "Cinco Marias" construídas constituem marcas que são incorporadas a uma linguagem própria corporal, a uma atitude com relação ao outro, à construção de uma autoestima essencial para a vida. Inconscientemente, estes gestos, posturas e movimentos repetem-se na vida de cada um de nós, em inúmeras atitudes frente a tantas situações dos nossos cotidianos. Nas brincadeiras inicia-se, no meu entender, uma das possíveis origens de construção do ser humano: suas linguagens.

A linguagem é um meio por meio do qual os seres humanos tentam comunicar-se, expressar-se. A linguagem mais direta é a palavra, a linguagem verbal, nem sempre a mais autêntica, a mais verdadeira ou a mais expressiva das nossas profundezas, da nossa sacralidade.

Assim como o ser humano expressa mensagens verbais, há também as não verbais, permeadas de significados. Não são diretamente compreensíveis ou transparentes. Convidam-nos a olhar através delas, além delas. Essas linguagens apresentam-se via imagens, pela quais é possível entrar no mundo do ser humano com maior profundidade. Dentre elas cito a linguagem dos sons, do toque, da fala e da escrita, dos cheiros, dos sabores, da arte, do brincar, dos gestos e sonhos.

b) Alfabetização lúdica do observador

Se o adulto desafiar-se a aprender uma língua que pouco conhece, ele terá a possibilidade de compreender e apreender as mensagens das diversas brincadeiras, por meio da percepção das crianças, adentrando em suas paisagens e imagens, conhecendo suas culturas, lendo e tentando compreender seu vocabulário, sua gramática e seus significados.

As linguagens são possibilidades de significação de expressões, de representações de ideias, de conceitos, dos seres, de emoções ou de objetos que podem adquirir formas concretas (pinturas, obras de arte, textos, poemas) ou abstratas (movimentos, expressões corporais ou gestuais, brincadeiras, sonhos, imaginações ativas). Esses dois tipos de representações surgem sob a forma de imagens internas, aquelas que provêm do interior das crianças, que tomarão forma de imagens externas quando expressas por intermédio da arte, do movimento, do gesto, da brincadeira, da palavra, da escrita etc.

Mesmo que com regras gramaticais muito diferentes das de uma língua falada universalmente — as brincadeiras — as narrativas lúdicas são compostas de "textos com parágrafos, frases e vocabulário próprio". As crianças contam, assim, contos por meio das suas expressões lúdicas não verbais. Ilustro com um exemplo bastante elucidativo: quando as crianças brincam de construir cidades.

Com diversos elementos, as crianças criam espaços físicos, lugares, cenários e cenografias. Incorporam diversos personagens. Utilizam objetos simbólicos — reais ou imaginários —, objetos que motivam a criação dos cenários, transformando-se conforme as necessidades e adquirindo funções diversas. As crianças criam suas tramas definindo, a cada vez, seus próprios tempos e lugares. Esta brincadeira pode ser solitária ou com interlocutores reais ou invisíveis.

O processo de construir, criar este jogo de construção, constitui um movimento externo que reflete movimentos internos que envolvem a imaginação, a fantasia, conceitos, compreensão e interpretação emocional de cenas da vida; incorporam-se conceitos matemáticos, mimetismos, personagens reais ou imaginários. Os cenários são construídos para reproduzir, assimilar ou compreender situações do cotidiano. A construção destes cenários envolve uma riqueza de mensagens que revelam narrativas não verbais extremamente complexas. Muitas vezes as crianças falam sozinhas ou conversam entre si para ir descrevendo o que estão construindo, embora este primeiro propósito possa mudar mais tarde — e muda, geralmente — quando a criança desenvolve as cenas imaginadas.

A imaginação é permeada por acontecimentos do mundo real exterior ou do mundo interior (fantasias). Temos aqui mapas de vida, falas infantis absolutamente reveladoras. Temos desenhos, pois "é desenho também a maneira que a criança organiza o seu espaço lúdico" (Dias, 2009, p. 81).

Remeto-me à definição dada por Durand em suas *Estruturas antropológicas do imaginário* (1960) a respeito da "imaginação" como a faculdade de o homem perceber a cultura e a natureza e com elas interagir, exercendo três funções: a) de suplementação do real; b) de ampliação do real; c) de revelação de um real até então incompreendido.

Também as sequências, tanto na construção dos cenários quanto, mais tarde, no desenrolar das tramas são surpreendentemente permeadas de mensagens.

Há uma pergunta que pode parecer simples, mas observando atentamente uma brincadeira, não é: quando é o final? Quando a brincadeira se esgota? Nem sempre no mesmo dia. Muitas vezes as crianças não querem, ou pedem mais tempo para brincar, ou "sofrem" por terem que desmontar os cenários. A falta de tempo, outros interesses, realização ou solução de conflitos internos ou o simples prazer de brincar novamente fazem as crianças voltarem inúmeras vezes na montagem de cenários com a mesma trama, mas com inúmeras variações. É a psique em movimento permanente.

Quais seriam as frases numa brincadeira de faz de conta? As imagens e cenários formados, construídos? Os objetos, elementos, brinquedos utilizados, seriam as palavras? As ações constituiriam os verbos?

E assim, as crianças vão revelando suas histórias interiores.

Os conteúdos que aparecem nestas narrativas são o berço do sentido profundo que as crianças expressam nas suas brincadeiras: são suas histórias, reais ou imaginadas; sonhadas ou vividas.

Quando as crianças contam, desenham ou representam, depois de a brincadeira ter acontecido, já se configura outro momento; é uma releitura ou uma síntese em que se utilizam de outras expressões.

Enquanto leitores, podemos ter vários *insights*, tantos quantos observadores ou instrumentos de interpretação forem utilizados para estas interpretações. Aqui, o papel do antropólogo conta também com emoções pessoais, assim como com a diversidade de contextos que dizem sobre as realidades das crianças.

c) Comunicação nas narrativas lúdicas

Minha experiência com o brincar mostrou-me que, embora cada narrativa lúdica seja única, para todas existem:
- *rituais* respeitados religiosamente — como se brinca, onde, com quem;
- *tempos* próprios que independem de espaços ou de tempos externos ou da "autorização" dos adultos;

- *segredos* raramente revelados;
- *regras*, gestos, olhares, trapaças (*brinco com esse, não com aquele; você não sabe*);
- *concentração*, muitas vezes tão profunda que esquecem o mundo à sua volta;
- *consequências* a partir das ações e reações dos jogadores;
- *papéis* assumidos individualmente, por cada brincante, papéis que mudam as tramas de cada brincadeira, que transformam os participantes: quando entra um novo brincante, há um desequilíbrio, um estranhamento, uma assimilação por parte dele e uma acomodação da brincadeira para atingir uma equilibração, conforme aprendemos com Piaget (1948).

Para cada narrativa há uma harmonia que pode mudar de ritmo e compasso, conforme quem a dança. Há um movimento certo, uma coreografia a ser aprendida: uma técnica, uma mecânica que se transforma, solta-se, flui, incorpora-se e interioriza-se através da sua música e da música de cada um.

Cada narrativa lúdica vai revelar temperamentos, possibilidades, potenciais dos que participam e velar segredos.

Há uma regra, uma ética moral que pode estreitar relacionamentos, abrir canais de comunicação ou romper laços.

Para aprender estas linguagens e compreender seus vocabulários e significados, temos um longo caminho pela frente e a necessidade de praticar a leitura e interpretação das inúmeras expressões lúdicas.

Uma forma de comunicação dá-se por meio da expressão facial, das posturas, dos meios de expressão das crianças, que é a forma de comunicação mais precoce (Ivic, 1998) — a comunicação pré-verbal, expressão dos estados afetivos da criança. Outra forma de comunicação acontece pela "conversação de gestos" (Mead, 1934) e aparece, sobretudo, durante as brincadeiras, especialmente no segundo semestre de vida.

A comunicação que acontece entre o adulto e a criança não é simétrica, já que o adulto tenta traduzir as mensagens, os gestos que a criança expressa, gritinhos, balbucios: um mesmo "texto" é expresso em línguas simultâneas.

A trama do faz de conta, do jogo simbólico — uma das formas expressivas das crianças criada no processo de interação com o(s) outro(s) e sendo, também, uma invenção individual — constitui-se em um sistema semelhante ao sistema linguístico. O jogo simbólico depende da utilização de objetos, símbolos, imagens mentais e dramatizações, mas pouco se conhece sobre a gramática destes brincares.

O que sabemos? Que estes sistemas complementam os sistemas linguísticos, sendo menos arbitrários e mais adequados para a expressão de emoções e de eventos. Por tratar-se de sistemas individuais, podem expressar, mais fielmente, estados orgânicos e sensações.

As imagens mentais, os sonhos, o jogo simbólico e as representações gráficas (como o desenho) são sistemas de representação nos quais encontramos ícones, sons, palavras, gestos etc. (Ivic, 1998).

No discurso destas representações, Ivic (1998) destaca níveis possíveis de imagens.

Em um nível de imagens simples, como uma foto ou desenho infantil, lemos a partir dos seus elementos.

Um desenho pode apresentar a clareza e a simplicidade dos traços, dos objetos e das cores utilizadas, espelhando o universo da criança-autora. As cores utilizadas valorizam os elementos dos quais ela quer "falar". Ela nos leva a adentrar sua imaginação e fantasia. A posição das figuras na folha dizem também da importância de cada personagem retratado.

Em um nível composto — uma pintura ou a cena de um filme — as narrativas contam-nos histórias variadas através da "conversa" dos elementos da imagem entre si.

A produção de imagens complexas é um procedimento muito importante da expressão e da comunicação. O percurso aplicado é uma tradução das relações causais, lógicas, temporais ou psicológicas, em relações especiais; por ex.: o domínio de uma figura sobre outra pode ser expresso pela proximidade das figuras; o parentesco entre dois personagens pode ser expresso pela criação de uma figura composta etc.

Outro nível é o de sequências narrativas — as brincadeiras.

Em uma brincadeira de faz de conta, duas crianças dando banho em uma boneca, concentradas em lavar seu cabelo, o menino fazendo de pai e a menina de mãe. Os dois se ajudando, muito concentrados. Há uma sequência de tempo.

O nível da configuração das imagens já representa um tipo de narrativa mais complexa (como uma narrativa de um filme, uma brincadeira ou de um sonho) que compreende sequências temporais e levanta a problemática da gramática — regras de produção de enunciados que não apresentam uma forma explícita e única, como acontece com cada língua natural. E estas regras são específicas para cada sistema de representação.

Nas crianças, estas configurações de imagens manifestam-se na capacidade de produção de imagens mentais, sonhos, expressões lúdicas e plásticas.

> *Superando ou até incorporando constructos teóricos e metodológicos, será que estamos conseguindo olhar e ouvir nossas crianças organicamente com nossa sensibilidade, intuição e com nossa cognição?*
>
> *Que olhares percebem estas crianças?*
>
> *Que ouvidos escutam suas falas e seus discursos?*

CAPÍTULO II

CULTURAS LÚDICAS:
Mapa do Brincar

Crianças do século XXI revelam — para quem estiver aberto a conhecer suas culturas — criatividades em movimento. Há sempre uma história a ser contada que fala das raízes, das origens e dos movimentos dos seres humanos. Falo aqui de um percurso do brincar nas vidas de inúmeras crianças que têm suas estórias retratadas nas suas culturas, pela presença e importância do ato de brincar.

As descrições das brincadeiras que aparecem neste capítulo foram narradas (e algumas vezes, acompanhadas por desenhos) por crianças entre seis e doze anos, habitantes de diversas regiões do Brasil; foram recolhidas entre abril e agosto de 2009 dentro da perspectiva do projeto "Mapa do Brincar", disponível em: <http://www1.folha.uol.com.br/folha/treinamento/mapadobrincar e http://mapadobrincar.folha.com.br>, do qual participei como consultora. Esta iniciativa do caderno Folhinha do jornal *Folha de S.Paulo* teve, como objetivo, mapear as brincadeiras das crianças de hoje.

CONHECER
Do latim *cognoscere*, significa procurar saber, reconhecer.

As crianças não pediram para elaborar o Mapa do Brincar; mas quando foram convidadas a contar suas brincadeiras, entre uma e outra, dedinhos provavelmente melados, pés e mãos pretinhos e narizes escorrendo falaram-nos dos seus mundos lúdicos.

O que mais chamou minha atenção foi a surpreendente criatividade desta geração: as crianças juntam brincadeiras ou trechos delas e inventam novas, com os nomes mais diversos e divertidos possíveis, que escondem a perspicácia, a esperteza, a sapiência e a malícia destes pequenos seres.

Adentrando pelos labirintos do mapa, aprendemos novo vocabulário e novas formas de coordenar verbos (ações), criar frases (regras), pontuar e narrar. Além dos tradicionais e universais "Bolinhas de gude", "Peteca", "Passa anel", "Pega-pega", "Queimada", "Corda", "Amarelinha", "Batata quente", "Pique" "Cinco Marias" ou "Pedrinhas", entre tantas outras, as crianças nos surpreendem e nos ensinam brincadeiras como: "O Deus, o Diabo e o Anjinho", "Cada coelho em sua cartola", "Ben 10", "Queimada xadrez", "Bola esperta", "Três cortes", "Biscoitinho queimado", "Estoura balão", "Caixotinha", "O jogo da barata", "Procurando o jabaculê", "Concurso de Nariz", "Espaguete", "Stanley", "Anhonha", "Vôlei do alfabeto", "Suruba", "Monga", "Chazinho", "Minissainha", "Queimada de sabão d'água", "Canibal", "*Pizza* envenenada", "Carimbo ameba", "Explosão", "Garrafa do mico líquido", "Televisão sem fio", "Língua guardiã", "Marlinha vem pro céu", "Cartinhas misteriosas", "Chocolate quente", "Vendedores de frutas", "Bente altas", "Reloginho", "Rasteira de tênis", "Vôlei bolt", "Futebol de gatos", "Formiguinha gigante", "Múmia em ação", "Viúvo", "Mata batata", "Fusca azul", "Paulistinha", "Torre de Babel", "A corrida da charada", "Cabecinha", "Matar tanajura", "Pula chinelos", "Banda dogui", "Lenga lalenga", "Caixinha de surpresas", "Stop português", "Tech Deck", "Salmão", "Meiúda", "Strecks", "Mininoides", "Vacineira", "Estrela e Happy Town", "Reino dos dragões", "Misturinha", "Marcha do jornal", "Twister", "Acorda seu urso", "Corrida do pô", "Star wars", "Arma", "Tigre branco", "Desafios perigosos", "Batom", "Acorda leão".

Esta relação e um número muito maior de brincadeiras fazem parte dos repertórios brincantes contemporâneos das crianças que têm oportunidade de brincar espontaneamente e que constam do Mapa do Brincar. Mais ainda, elas são de autoria de crianças, não de adultos, e foram por elas criadas e ressignificadas.

As crianças têm se apropriado de uma liberdade para criar seu próprio repertório, vocabulário e brincadeiras, novidades para nós, que mostram traços de sua multiculturalidade. Nesta, as crianças incorporam elementos de outras culturas, de outras línguas, da tecnologia moderna, elementos de mistério, objetos e personagens dos seus cotidianos, animais, comidas, ações e figuras agressivas, sexualidade, ironias etc.

Mais de dez mil crianças de 192 cidades do país, entre dois e quinze anos, encaminharam materiais, sendo que a porcentagem de maior concentração e quantidade abarcou a faixa etária entre 6 e 11 anos.[1] Alguns adultos incentivaram crianças a mandar as brincadeiras; outras, foram recolhidas pela própria equipe do jornal, filmadas, gravadas e fotografadas. A maior parte (90%) das crianças encaminhou suas brincadeiras por *e-mail*, mas boa parte delas o fez pelo correio, com as descrições acompanhadas de lindos desenhos. Foi imenso o prazer de pegar estes materiais escritos, com a espontaneidade e o colorido de cada criança que fez um parêntese no seu cotidiano para partilhar conosco suas linguagens lúdicas. Linguagens que nós tentamos traduzir, compreender e disseminar para levar a outras crianças. Chamou muito a atenção a dificuldade que muitas delas, sobretudo as de sete anos em diante, têm para escrever e o

---

1. 2 e 3 anos – 1%
   4 e 5 anos – 13%
   6 e 7 anos – 18%
   8 e 9 anos – 27%
   10 e 11 anos – 28%
   12 e 13 anos – 12%
   14 e 15 anos – 1%.

grande número de erros cometidos na escrita dos textos enviados. Com relação aos sexos, o mapa mostra um equilíbrio na participação de meninos e meninas.

Apesar de o jornal *Folha de S.Paulo* ser mais veiculado nas regiões Sul e Sudoeste do país, tivemos uma boa representação de materiais vindos de outras regiões: Acre (0,4%), Alagoas (0,2%), Bahia (5%), Ceará (5%), do Distrito Federal (5%), Espírito Santo (1%), Mato Grosso do Sul (1%), Maranhão (1%). Expressiva quantidade (11%) de Minas Gerais, 1% de Paraná, 1% de Pernambuco, 1% do Piauí, 2,3% do Rio de Janeiro, 0,1% de Santa Catarina, 1% de Tocantins e 60% de São Paulo. É muito interessante observar que, fora a cidade de São Paulo, há uma enorme representatividade vinda de cidades do interior, sobretudo as pequenas e mais distantes.

Outra peculiaridade da diversidade recebida foi que nem todas as crianças participantes citaram suas escolas como instituição principal de contexto das brincadeiras: chegaram também brincadeiras oriundas de associações, fundações, bibliotecas, ONGs, centros assistenciais, escolas e colégios de cunho religioso, colônias de férias, escolas municipais, estaduais e particulares; colégios; escolas indígenas do estado de São Paulo; Pontinhos de Cultura, casas de cultura e centros de artes, centros esportivos, Sescs, escolas de línguas e de música, mencionadas como agentes que veicularam e incentivaram as crianças no envio dos materiais.

As brincadeiras de pique esconde, as mais citadas, mostram-nos crianças em permanente movimento, aparecendo e desaparecendo, testando sua própria esperteza e destrezas, desafiando os pegadores, experimentando a sabedoria das suas perninhas, explorando os mais variados espaços, inventando e reinventando moda.

As crianças vêm nos contar e nós tentamos decifrar suas letrinhas, palavras e frases pré-alfabéticas. Uma equipe de especialistas ficou mergulhada por quatro meses nos labirintos das tabelas, tentando enquadrar as brincadeiras em planilhas "acadêmico-tecnológicas". Mas as crianças falaram mais alto: as brincadeiras pularam das telas dos computadores, dos envelopes recebidos, fugindo das nossas gaiolas classificatórias para se libertarem. As crianças e suas brincadeiras falaram em alto e bom tom: nós brincamos, assim, naturalmente, essa é a nossa fala, essa é a nossa língua, esse é o nosso território. É especialmente interessante perceber tanta ludicidade viva, transpassando os poros de e-mails e cartas coloridas.

No mar destas vozes que contaram suas vidas lúdicas de forma singela, até relatos detalhados e descritivos, contagia a vontade de estar com cada uma delas, brincando junto.

A emoção e a poesia que essas crianças passam só podem ser compreendidas por quem tem olhares abertos, ouvidos aguçados e corações sensíveis, como os dos adultos, educadores, professores e repórteres brincantes deste Brasil afora; como, e principalmente, os dos nossos mestres brincantes, autores e atores deste Mapa — as crianças — e de tantos cotidianos desconhecidos e de uma riqueza e criatividade emocionantes.

As brincadeiras povoam o Mapa e o *blog*, prontas para serem experimentadas e reinventadas por mais e mais crianças. Prontas para serem contadas e brincadas entre umas e outras. Ao mesmo tempo que é patrimônio das nossas culturas infantis, este Mapa constitui um documento vivo, em permanente transformação, porque dinâmico e diverso, que escapa a qualquer limite ou fronteira em que se pretenda classificá-las, enquadrá-las.

Contudo, há um desafio maior à nossa frente que é sua leitura, sua compreensão não somente literal, mas também oculta, que diz da vida dos seus protagonistas.

> *Sempre está na hora de brincar, com o que cada um tiver de melhor — sua imaginação —, com o que cada um puder — seus desafios —, com o que cada um quiser.*

a) Culturas lúdicas infantis

> Quando brinca, a criança está falando.
> No seu tempo, que é só dela,
> a criança escreve com seu corpo uma melodia.
> Com seu gesto, sua mão, seu olhar e seu sorriso
> imprimindo a pegada do seu coração.
> Como nós, adultos, quando dançamos,
> pois a palavra consegue dizer com o coração,
> sem pensar,
> só dizer.[2]
>
> (Friedmann)

Paulo, 11 anos, mora no Rio de Janeiro e nos ensina a "Brincadeira do jaguar". Entremos nela:

Para brincar você precisa fazer uma fila com os maiores na frente. Escolha um colega para ser o jaguar, ele deve ficar na posição quadrúpede e com uma perna levantada para servir de rabo. O jaguar tem que pegar sempre o último da fila e levá-lo para sua toca.

As crianças estipulam regras absolutamente transparentes que precisam ser respeitadas por aqueles que quiserem entrar neste microuniverso: "os maiores na frente" sugere a condução e a proteção dos mais experientes. As crianças partem do universo da natureza, da sua imitação para recriar, com seus próprios corpos, gestos e movimentos, a vivência de um bicho, mas não de qualquer um. A escolha de quem será o jaguar responde sempre a critérios que podem ter a ver com quem é líder natural, quem é mais rápido ou sagaz, ou outros critérios específicos que dependem de referenciais muito particulares de cada grupo. Experimentar os instintos do jaguar pode ser uma forma de estar em contato com a terra, com a água, com a natureza

---

2. As falas poéticas da minha autoria serão destacadas com fonte Comic Sans MS.

fora e dentro. Experimentar o medo de ser pego, ficar de quatro e movimentar-se, uma forma muito diferente do movimento do ser humano, uma forma que reaproxima as crianças da terra, dos cheiros, dos ruídos, de outras paisagens. Entrar na toca de um animal pode significar experimentar outra forma de resguardo e proteção.

Se o adulto não estiver muito atento ou não brincar junto com as crianças, dificilmente irá entender o que acontece dentro de cada brincadeira nem a cultura na qual as crianças estão inseridas. As brincadeiras requerem inúmeras habilidades por parte de quem brinca: habilidades físicas, agilidade, muita emoção e destreza.

Algumas perguntas vêm à nossa mente: Qual é o significado do jaguar, no caso anterior? Faz parte do repertório dos brincantes? É um bicho com o qual as crianças realmente convivem? Ou faz parte do imaginário daquele grupo?

Existem brincadeiras que acontecem sobre a terra e outras que se desenrolam dentro dela. Vejamos o relato de Ana, 8 anos, do Espírito Santo, com a brincadeira de enterrar:

> *Essa brincadeira é para brincar na areia da praia. Primeiro a criança cava um buraco na areia com as mãos, mas pode usar um baldezinho para ajudar. Tem que ser na parte que a areia está molhada, senão é muito quente e não dá certo. O buraco tem que ser grande pra caber a criança. Depois, deita no buraco deixando só a cabeça de fora, todos cobrem ela com a areia que foi tirada. Fica só a cabeça de fora. É gostoso ficar dentro do buraco com areia em cima.*

Cavar um buraco, geralmente com as mãos ou com uma pá, é estar em contato com as profundezas da terra, com a escuridão, com a umidade, com os mistérios mais profundos. Desafio de adentrar desconhecidos túneis, desafio de ir mais fundo e "contra-natura". Confrontar-se com as águas profundas — símbolo do inconsciente — que teimam em inundar a terra. O buraco tem que ser grande para caber a criança! E só fica a cabeça para fora: só o pensamento fica por cima da superfície da terra. Os membros, o coração, a barriga ficam em contato com a úmida e fria terra-areia, sentindo-a, vivendo-a, da pele às entranhas. Entremos com a criança embaixo da areia para podermos sentir estas sensações de umidade, frio e calor alternando-se, o corpo inteiro em contato com a areia molhada. Ficamos imóveis, só sentindo nossos corpos e nossas sensações. E quando digo "entremos com a criança", não o digo no sentido literal, mas no sentido de transportar nossos sentidos e nossa imaginação para esta vivência, pois é a única forma de nos colocarmos no seu lugar, nos transportarmos, quiçá, a uma situação similar vivenciada no nosso passado; é a única forma de adentrarmos nestas paisagens infantis.

Esta brincadeira que pode parecer tão comum quando há água e areia em volta, envolve grande esforço em abrir o buraco, sensações de "frio na barriga" e aconchego, ao mesmo tempo. Mas uma situação como a relatada pode nunca vir a fazer parte do universo ou do repertório de crianças que moram nas cidades ou que têm raro contato com a praia, com o mar, com a natureza. Esta vivência pode criar no imaginário destas crianças repulsa, rejeição a se sujarem de areia, entre muitas outras sensações.

O entorno fala muito das possibilidades lúdicas. O entorno convida a criar brincadeiras. Cada criança aceita ou não estes convites. Esta liberdade é parte fundamental do processo formativo dos seres humanos: poder fazer escolhas sem, necessariamente, estar inseridos em contextos formais educacionais ou familiares.

As brincadeiras cantadas e dançadas fazem parte também do universo lúdico infantil, como atesta Camila, 9 anos, de Araçuaí (MG), com "Babaloo":

> *Fazer o que a música diz, sem muitos detalhes, como não precisa jogar o chiclete no chão de verdade e pisar, é só imaginar!*
> *Como se brinca: junte as mãos como se fosse rezar e deite-as. Cante a música fazendo o que ela pedir:*
> *'Babaloo é Califórnia,*
> *Califórnia é Babaloo (<u>os dois participantes batem uma mão na outra</u>).*
> *Estados (<u>põe uma mão no olho</u>) Unidos (<u>põe a outra</u>)*
> *balança o seu vestido.*

Um lado (dá um pulo para o lado)
o outro (dá um pulo para o outro lado)
assim é muito pouco.
Na frente (pula pra frente),
atrás (pula pra trás)
assim é bom demais (faz um "joia").
Pisa no chiclete,
dá uma viradinha,
imita o capetinha,
dança da galinha,
dá uma viradinha,
quem ficar de perna aberta vai ter que rebolar até o chão
se não ganhar um beliscão
na ponta do dedão (faz o que a música manda).
Bom divertimento!

Que dança é esta que Camila partilha conosco? Dancemos junto, cantemos junto. Provavelmente, não teremos a flexibilidade destas crianças e, com nossos preconceitos, com nosso pensamento, estaremos brecando nossa espontaneidade. Camila nos orienta: "Fazer o que a música diz [...] é só imaginar! [...] Cante a música fazendo o que ela pedir". A criança entra na música e mergulha na sua imaginação. Para o adulto é bem mais complexo. Que universo é este em que os corpinhos mexem e remexem, provocativos, em que a letra das músicas é permeada de vocabulário que nem mesmo faz parte do mundo infantil? Porém, este é o repertório atual de muitas crianças. Será que elas têm consciência do que fazem ou provocam ao rebolar?

Com apenas nove anos, crianças como Camila estão virando adultas precocemente, fazendo movimentos provocativos, evocando uma sexualidade imitada do universo adulto que nem os seus corpinhos de criança chegam a assimilar. Esta dança faz parte de uma cultura que adentra as suas vidas através dos meios de comunicação massivos, que chegam a todos os lares, classes socioeconômicas e faixas etárias, sem discriminação. Os adultos acabam achando engraçadinho, bonitinho, sem dimensionar as mensagens ocultas por trás destas apropriações, nem o grande risco que significa adentrar, de forma tão precoce, no mundo e na sexualidade dos adultos.

Culturas infantis

Estas leituras das culturas lúdicas infantis incitam algumas reflexões sobre a ideia de cultura. Esta palavra, como bem aprofunda Edgar Morin (1992, p. 183), é uma armadilha e sua noção, múltipla e obscura.

Alguns dos sentidos por ele citados são:

- um sentido antropológico em que a cultura se opõe à natureza, em que a cultura confunde-se com "tudo o que é propriamente humano";
- outra concepção antropológica que considera que tudo o que tiver sentido, começando pela linguagem, depende da cultura;
- um sentido etnográfico em que cultura opõe-se à tecnologia e junta crenças, atos, normas, valores, modelos de comportamentos;
- um sentido sociológico que contempla o âmbito psicoafetivo, a sensibilidade;
- a ideia de que a cultura é o centro da arte e da literatura, opondo o erudito ao inculto.

As culturas diferenciam-se não somente pela sua amplitude, mas "pelos modos de [...] comunicação entre o real e o imaginário, o mítico e o prático" (Morin apud Margem, 1992, p. 186). As sociedades assistem "à justaposição e ao cruzamento dos sistemas culturais, inclusive no mesmo indivíduo" (idem, ibidem, p. 187), o que estou chamando, na presente obra, de "multiculturalidade".[3]

---

3. Multicultural: proveniente ou composto de várias culturas (apud *Dicionário Houaiss da língua portuguesa*).

A cultura infantil é um tecido de fios diversos:
da cultura da família da mãe,
da cultura da família do pai,
da cultura criada por cada criança
a partir da sua natureza,
da cultura da escola,
da cultura dos seus grupos.
Cada ser humano "carrega" uma cultura
que irá se misturar com as outras.
Cada um "herda", reproduz, adentra e incorpora
elementos das diversas culturas.

(Friedmann)

Alguns aspectos do pensamento mítico são também próximos ao pensamento da criança, o que Hardman (2001) chamou de "mentalidade simbólica": as crianças têm um mundo autônomo, independente, em certa medida, do mundo dos adultos.

Ocorre na infância um processo de produção cultural e de reprodução cultural (Cohn, 2005, p. 19): um sistema simbólico acionado pelos atores sociais a cada momento, para dar sentido às suas experiências; aquilo que faz com que as pessoas possam viver em sociedade, compartilhando sentidos formados a partir de um mesmo sistema simbólico. A cultura está sempre em transformação e mudança. O contexto cultural é esse sistema simbólico, imprescindível para entender o lugar das crianças.

Os indivíduos da sociedade, vistos como atores sociais, recriam a sociedade a todo momento. Esse conceito-chave da antropologia permite ver as crianças de uma forma totalmente nova, tendo um papel ativo na definição da sua própria condição.

Clarice Cohn (2005) defende uma antropologia da criança e não da infância, entendendo esta como um modo particular, não universal, de pensar a criança: é uma construção social e histórica do Ocidente que Philippe Ariès (1960) chamou de "sentimento da infância". Em cada sociedade, a ideia de infância é definida de formas diferentes e uma antropologia da criança pode ser capaz de apreender essas diferenças. A análise antropológica pode abranger outros campos para entender o que significa ser criança nesses contextos, por exemplo, as concepções particulares de "ser humano". Há crianças em toda parte e podemos conhecê-las adentrando nas suas vivências; mas estas são diferentes em cada lugar e a compreensão dos seus universos particulares é possível a partir dos seus diversos contextos socioculturais.

Além da herança cultural recebida, podemos considerar as crianças tanto como atores sociais quanto como produtoras de cultura — não só produzidas pelas culturas.

Pinto e Sarmento (1997) perguntam-se sobre a natureza da produção das culturas infantis, assumindo sua pluralidade. Reabre-se a discussão particular/universal, fundante da ciência antropológica, no centro da qual estão os diferentes modos como a infância, enquanto construção social, manifesta unicidade. Há uma mudança de atitude ética e metodológica em curso: partir das crianças para o estudo das realidades da infância.

Acredito na necessidade de falarmos em crianças, em infâncias e em culturas múltiplas, diversas, particulares e, ao mesmo tempo, universais: defendo uma "Antropologia das Crianças".

A questão é: como as crianças formulam sentidos sobre os mundos ao seu redor? As crianças não sabem menos que os adultos, sabem outras coisas. A antropologia das crianças dialoga com as análises de desenvolvimento cognitivo: ela quer saber a partir de que sistemas as crianças elaboram sentidos e significados.

Falar em uma cultura infantil é universalizar um conceito negando particularidades socioculturais. É mais adequado falar em "culturas infantis". Contudo, temos que ter o cuidado de compreender que elas podem não ser exclusivas do universo infantil; por exemplo, as brincadeiras infantis não constituem uma área cultural exclusivamente ocupada pelas crianças. Para entender o que elas fazem nessas brincadeiras, é necessário compreender seus significados.

Nas culturas infantis instauram-se ideias, valores, costumes e conhecimentos que serão transmitidos por meio das linguagens verbais e não verbais. Estas últimas, embora características dos primeiros anos de vida do ser humano, perpetuam-se no decorrer da existência, constituindo-se, em muitos casos, em exteriorização do ser, da identidade particular de cada indivíduo; ou, em tantos outros casos, manifestando-se de forma inconsciente, por exemplo, pelos conteúdos das brincadeiras.

> *Uma pessoa é escolhida para ser vendada*
> *e ficar no meio do círculo formado pelas outras crianças.*
> *Todos cantam:*
> *"Cobra-cega da onde você veio?"*
> *A criança vendada responde:*
> *"Do morro vermelho."*
> *Todos perguntam:*
> *"O que você trouxe pra mim?"*
> *E ela responde:*
> *"Cravo e canela."*
> *Todos perguntam novamente:*
> *"E pro meu filho?"*
> *Ela responde:*
> *"Nada!"*
> *Então todos batem palmas e chamam a cobra-cega de velha e ela sai andando até pegar uma criança que será a próxima cobra-cega.*
>
> (Claudia, 5 anos, relata a "Cobra-cega", São José do Rio Preto, SP)

Todas as crianças do mundo e de todas as épocas, em maior ou menor medida, brincaram. Adentrar o universo teórico do brincar convida a descobrir sua história, os inúmeros teóricos que, por diversos recortes, filosofaram, refletiram, pesquisaram e continuam a brincar neste labirinto conceitual. Mas mergulhar em suas brincadeiras possibilita descobrir quem são essas crianças e o que elas nos dizem por intermédio das suas falas lúdicas e do seu imaginário.

As crianças já nascem inseridas em uma determinada cultura na qual irão apreender os conhecimentos prévia e historicamente definidores de um ou outro grupo social, no qual irão adquirir conhecimentos ou desenvolver competências pessoais. Mas, dentro destas culturas, destes sistemas que relacionam o saber e a existência, é necessário pensar na contracorrente da cultura erudita e na recriação das humanidades. Assim, os grupos infantis participam desta recriação com suas criatividades, contribuindo nesta contracorrente, já desde o berço.

> *Brinca-se de pares, uma criança pegando na mão da outra, seguindo o ritmo e fazendo os gestos da música:*
> *"Dá dá dá tó de minissaia...*
> *Dá dá dá tó de óculos na praia...*
> *Dá dá dá passou uma garota...*
> *Dá dá dá eu me apaixonei...*
> *Dá dá dá eu tirei a toalha...*
> *Dá dá dá ele nem ligou...*
> *Dá dá dá eu tirei o maiô...*
> *Dá dá dá ele desmaiou...*
> *Dá dá dá eu contei pra mamãe...*
> *Dá dá dá ela nem ligou...*
> *Dá dá dá eu contei pro papai...*
> *Dá dá dá ele me surrou...*
> *Dá dá dá eu contei pra titia...*
> *Dá dá dá ela rebolou...*
> *Dá dá dá eu contei pro titio...*
> *Dá dá dá ele dançou...*
> *Dá dá dá eu contei pra vovó...*
> *Dá dá dá ela me xingou...*
> *Dá dá dá eu contei pro vovô...*
> *Dá dá dá ele sentou e cagou...*
> *Dá dá dá eu contei pro gatinho...*
> *Dá dá dá ele me arranhou...*
> *Dá dá dá eu contei pro cachorro...*
> *Dá dá dá ele me mordeu...*
> *Dá dá dá eu contei pro papagaio...*
> *Dá dá dá ele me falou*
> *Pisa no chiclete*
> *dá uma rodadinha*
> *a dança da galinha*
> *imita o capetinha*
> *yes..."*

(Brincadeira de palmas relatada por Teresa, 11 anos, Embu/SP, 2009.)

No relato da brincadeira, além da conotação sexual, percebe-se a influência da cultura local e, na letra da música que acompanha a brincadeira, os diversos papéis e reações de cada um dos atores sociais que fazem parte do universo da criança: aqui, a presença de cada membro da família, vários bichos e "o capetinha". Há uma precocidade espelhada no verso anterior em que a menina-adolescente-mulher experimenta as reações do sexo oposto frente ao apelo sexual. A menina vai interrogando cada membro da família para testar as reações em face das suas falas corporais: a mãe não liga, provavelmente porque, para ela, essa atitude é natural; o pai a surra — a dificuldade de ver na filha uma mulher; os tios colocam-se como cúmplices, provavelmente uma geração mais próxima que compreende esta linguagem; os avós ficam horrorizados; os bichos — que representam os instintos — têm reações mais agressivas; e o papagaio, que repete tudo, é aquele que aconselha a menina a ser mais provocadora ainda. Aparece ainda o "yes" trazido da língua inglesa, tão inserida no nosso cotidiano.

Uma aparentemente inocente brincadeira que fala do universo do qual esta menina faz parte sinaliza a precocidade do mundo adulto adentrando seu brincar, que deixa de ser brincadeira inocente e fala ao mundo uma língua que, bem provavelmente, nem ela mesma domina. Instintos e sensações misturam-se a valores morais. Aparece aqui, claramente, um momento da vida em que não é possível "falar do ser humano sem o considerar, ao mesmo tempo, como ser biológico, cultural, psicológico e social" (Cyrulnik e Morin, 2004, p. 10).

Se, por um lado, a cultura abre "as potencialidades bioantropológicas de conhecimento fornecendo ao indivíduo seus conhecimentos, também fecha tais conhecimentos através de regras, proibições e tabus" (Morin, 2005, p. 20). Isto significa dizer que as crianças conhecem, ao mesmo tempo, a partir da sua memória biológica e da memória cultural, ou seja, esquemas inatos dialogam com esquemas culturais na aquisição de conhecimentos dos seres humanos. Mas as crianças adentram, também, universos culturais que já têm suas regras e proibições, que podem ser limitadoras para o desenvolvimento do seu mundo interior profundo.

Os valores socioculturais aparecem já no ser humano antes do seu nascimento, no período embrionário: no ventre materno, na técnica utilizada no parto, nos cuidados dados aos bebês recém-nascidos, na educação familiar e escolar de cada criança. A forma de integração nas suas culturas irá determinar se o cérebro direito ou o esquerdo será mais ou menos estimulado. A ideia de *"imprinting* cultural" mostra-se muito adequada e influente: a cultura irá modelar o cérebro das crianças, mas elas serão coprodutoras de conhecimentos da realidade que percebem e conhecem.

> *Pego minhas bonecas e finjo que eu sou a mãe delas,*
> *dou comida, banho e levo pra passear.*
> *O Lucas (irmão) é o pai.*
> *Ele trabalha pra sustentar elas e eu,*
> *e às vezes vem almoçar e jantar em casa, com a gente.*
>
> (Brincadeira de casinha relatada por Vitória, 9 anos, Rio Branco, Acre, 2009)

A brincadeira fala da cultura local, do lugar do pai como responsável pelo sustento familiar. A menina imita a mãe, a cuidadora. O relato não necessariamente fala da realidade vivenciada por estas crianças; muitas vezes, pode expressar um desejo que não corresponde à realidade.

A observação e o conhecimento do contexto são muito importantes para compreender o universo de cada criança: "[...] o mundo exterior está no interior de nós num diálogo permanente" (Morin apud Cyrulnik e Morin, 2004, p. 15).

Por ocasião de trabalho de formação desenvolvido em 2007 junto ao Ifan — Instituto da Infância — observamos um grupo de crianças da zona rural do Ceará onde, em uma paisagem que nos remete a épocas primitivas, casas de palafita, crianças com pés descalços na terra, em pleno e orgânico contato com a natureza em um entorno saudável, vivenciam, dentro de um galpão lotado de brinquedos, sobretudo industrializados — vindos de outras culturas urbanas, plásticas — situações que parecem descontextualizar as brincadeiras criadas. Porém, essas crianças falam, brincando, dos seus sonhos, dos seus anseios, das suas fantasias, das suas realidades, sendo os brinquedos pontes para esta apreensão e compreensão do mundo.

As brincadeiras falam todas as línguas, mas cada uma tem significados próprios: elas dizem de quem brinca, de quem joga. Como na brincadeira de "Desfile" narrada por Maria Paula, 11 anos, de Rio Branco, no Acre, em 2009:

> *Regras:* Vestir as roupas, sapatos e bolsas da mãe
> e escolher um local para desfilar.
> Usar maquiagem para parecer uma modelo.
> *Quem perde:* quem se arruma menos.
> *Quem ganha:* quem se arruma melhor.
> "Eu sempre ganho, porque o meu pai é quem diz
> quem ficou mais bonita
> e ele sempre diz que sou eu."
> *Onde brinca:* na área de casa.
> *Objetivo:* ver quem é a melhor modelo.
> *Objetos utilizados:* roupas, sapatos, bolsas e maquiagem.
> *Número de participantes:* não tem limite de participantes.

Maria Paula incorpora o faz de conta de desfile e sente sua autoestima reforçada pelo próprio pai. A influência da mídia transparece nesta brincadeira, com o valor dado à beleza e à competitividade; a confiança em si e a complexidade da relação pai-filha também aparecem.

Estas brincadeiras de faz de conta jamais se repetem, mesmo que brincadas pela mesma criança; têm inúmeras variações que não dependem somente de tempo, espaço, materiais e companheiros de jogo, mas também do estado de espírito do brincante, da sua imaginação, da complexidade de misturas de conteúdos que ele leva a cada momento, a cada brincadeira.

Uma das meninas, Cíntia, me conta que seu desejo é virar modelo. Assim, ela brinca com este sonho, faz de conta que é e será possível realizar a vida que chega a ela através das imagens da telinha, alimento do qual ninguém se priva, mesmo que outros itens essenciais possam estar ausentes do cotidiano destas comunidades.

Cíntia, cujo sonho é virar modelo, nos mostra, se mostra, tem um olhar, ao mesmo tempo, inocente e esperto, tecendo sonhos longínquos — no tempo e no espaço. Ela experimenta como seria ser modelo, experimenta outros personagens, imita, constrói seu mundo imaginário. Observamos outras meninas que estão no mesmo espaço, cada uma explorando seu próprio universo que com elas conversa, por meio de diferentes brinquedos ou livros de estórias. Todas no mesmo espaço, mas cada uma no seu mundo particular, mesmo que o mundo a sua volta esteja caótico, como pode parecer a um observador de fora. Nós, adultos, temos sempre o impulso, o movimento de ler literalmente esta desorganização ou bagunça e mandar a criança arrumar. Mas qual ordem é a delas se não a interna, absolutamente desconectada dos nossos parâmetros de arrumação, ordem, organização? Quantas conversas, fantasias, construção de histórias e mundos tolhemos, violentamos por não nos determos nestes instantes preciosos?

As brincadeiras expressam estados de espírito, conflitos. São capazes de harmonizar situações, transmitir conhecimentos, desconstruir certezas. Têm o poder de quebrar paradigmas, flexibilizar corpos, dogmas e relações. Questionam e respondem. Podem transformar uma pessoa, mudar um clima instaurado. São mágicas, misteriosas, alquímicas. Mobilizam, mas também podem paralisar por dentro e por fora. Por quê? Talvez a brincadeira *"Monga"* relatada por Lica, 10 anos, de Lavras, MG, em 2009, ofereça alguma pista:

> *É melhor no escuro essa brincadeira, porque é de terror. Você tem que contar a história da Monga, uma menina que tinha morrido e o espírito dela ficava naquele local: de preferência finja que estava no museu. E você pode também ser a Monga e chegar de repente assustando todo mundo.*

Quantas situações de pavor, de medo, cada criança vive ou viveu na sua infância? Um medo que paralisa, mas também encanta, seduz. Só fechando os olhos e entrando nestas brincadeiras de ficar no escuro para sentir o terror e o prazer sentidos pelas crianças. Fechar os olhos, ficar no escuro, ficar em contato com as próprias emoções, confrontar os próprios medos.

O fascínio do medo tem sempre acompanhado as brincadeiras: o mistério da morte, a paralisia que cria a narrativa da história contada pelas crianças em que, cada uma, conforme suas habilidades, representa, com mais ou menos realismo e suspense, o terror a que o texto convida. Nesta brincadeira aparece, também, a ideia de museu como um espaço de mistérios, de medo, escuro, onde coisas inesperadas podem acontecer. Os espíritos — o invisível assustador — pairam na narrativa.

É nosso desafio prestar especial atenção às vivências e experiências individuais das crianças que, se respeitadas e ouvidas, podem ser fundamentais nos caminhos e escolhas de vida que elas forem empreender.

b) O fenômeno lúdico

O lúdico, visto como um fenômeno, do latim *phaenomenon*, significa "aparição, coisa que aparece". Fenômeno é tudo o que se observa na natureza. Interessante apontar que, desde os primórdios dos tempos, este fenômeno lúdico, que também se dá nos animais, tem falado por si mesmo nos seres humanos, de forma não verbal, mas expressiva, por meio do seu gesto próprio: singular e único de cada criança, de cada brincadeira, de cada jogo e em cada grupo. Este fenômeno tem se movimentado de forma autônoma, penetrando diferentes grupos culturais.

O fenômeno lúdico tem se mostrado um caminho muito potente que revela:
- do ponto de vista das crianças, a oportunidade de se expressarem ludicamente a partir dos seus potenciais individuais, sobretudo de forma espontânea; é uma forma de dar-lhes voz e ouvi-las;

- do ponto de vista dos adultos, um caminho expressivo para canalizar emoções e desenvolver habilidades, tão essenciais para seu autoconhecimento; para que transformações também aconteçam com os educadores, pais e cuidadores, o fenômeno lúdico é essencial no decorrer desses processos.

O fenômeno lúdico encerra, em seu núcleo, os arquivos mais primitivos do mundo e os mais contemporâneos; uma natureza que vem desde as evidências arqueológicas e artísticas do *Homo sapiens* até as expressões lúdicas das diferentes culturas.

Em função do núcleo primitivo do fenômeno lúdico, adentremos o mundo dos ritos e dos rituais e suas origens.

Com Van Gennep (1960) aprendemos que os ritos de passagem acontecem em diversos estágios: no nascimento, na adolescência, na fase adulta, no casamento com ou sem filhos, na maturidade e na morte. O período de passagem de um para outro estágio constitui uma marca e, em algumas sociedades, é um período de reclusão. As passagens têm regras, rituais; são momentos delicados, frágeis. A passagem, embora margem perigosa, é necessária.

Dentro do universo lúdico, temos antiquíssimos rituais que fazem parte da história da humanidade, como a brincadeira de pular corda, aqui, relatada por André de 6 anos do Rio Branco, Acre, em 2009:

> *Dois participantes ficam girando uma corda, enquanto outro pula, e todos cantam a música da brincadeira. E, quando termina a música, aquele que estava pulando sai para entrar outro.*
> *Música:*
> *"O homem bateu em minha porta, e eu abri.*
> *Senhoras e senhores coloquem a mão no chão.*
> *Senhoras e senhores pulem em um pé só.*
> *Senhoras e senhores deem uma rodadinha, e vão pro olho da rua."*

A brincadeira de pular corda, da qual existem registros desde a Antiguidade por iconografias e pinturas, perpetua-se até os dias de hoje, variando de uma para outra cultura por ser brincada por diversos públicos — aqui, chama a atenção o relato ser de um menino — com versos ou músicas que variam em todos os grupos. Esta brincadeira envolve várias habilidades, não somente de quem pula, mas também de quem bate a corda.

Teruz, Orlando (1902-1984). *Meninas pulando corda*, Rio de Janeiro, 1976.

O fenômeno lúdico nos faz "dançar conforme a música": tem sua própria melodia, diferentes partituras e é tocado por inúmeras orquestras, cantado por todas as vozes do mundo.

Como aparece a complexidade nas brincadeiras?

Vânia, 10 anos, de São Paulo, em 2009, narra a brincadeira "Silenciosamente":

As crianças formam um círculo, no centro uma criança fica de olhos vendados, sentada e com um objeto qualquer perto dela. O grupo escolhe alguém para dar o sinal de início e apontar para alguém da roda. Quem foi escolhido deverá, silenciosamente, se aproximar do centro da roda e pegar o objeto. A pessoa de olhos vendados, ouvindo qualquer ruído, deve apontar na direção da pessoa que está se aproximando. Se apontar na direção certa, a pessoa escolhida volta para o seu lugar na roda. Então, o grupo escolhe uma outra pessoa para uma nova tentativa. Se a pessoa da roda conseguir pegar o objeto, deverá voltar para o seu lugar, com ele nas mãos. A partir desse momento todos devem ficar com as mãos para trás e avisar quem está no centro. A pessoa do centro tira a venda e tenta descobrir quem está com o objeto. Se descobrir, troca de lugar com esta pessoa, se não acertar colocará a venda novamente.

A brincadeira relatada mostra a complexidade de que falamos. Muitos elementos entram no entrelaçamento da brincadeira: a formação de uma roda, na qual todos estão igualmente posicionados e todos podem se ver; a venda nos olhos que implica uma prova de honestidade por parte de quem está vendado; o silêncio que deve ser respeitado; a lentidão e presença na aproximação ao objeto; a sutileza necessária de quem tenta adivinhar quem está com o objeto; os gestos, os olhares e a contenção vivenciados pelas crianças neste momento que fica suspenso de mistério, incógnita, medo de ser descoberto; a perspicácia e sensibilidade de quem tenta desvendar o possuidor do objeto. Em uma brincadeira que, de fora, pode parecer simples, encerra-se uma complexidade de mensagens, segredos, regras, emoções, máscaras, habilidades.

Outra característica observada no fenômeno lúdico é a sua diversidade, que varia conforme a situação, a criança, o lugar, o tempo: ela é tão rica quanto cada brincadeira tecida em cada momento da vida de cada criança.

Vejamos o exemplo da brincadeira de "Carrinho de pau" contada por Saulo, 11 anos, Joselândia, Maranhão, 2009:

Você precisa da ajuda de um adulto para cortar um pedaço de madeira de cajoeira, um pouco grosso e pequeno para não machu-

car a árvore. Corte duas rodas para pneus e fure bem no meio de cada roda. Coloque um pedaço de cabo de vassoura no meio dos buracos e tem que ficar bem firme. Coloque um pedaço de forquilha verde. Pregue um pedaço de madeira sobre a forquilha. Deixe secar para ficar leve e encaixe. É só brincar, e se tiver cuidado dá para usar uns cinco anos o brinquedo ecológico.

Desde tempos imemoriais, crianças constroem seus próprios brinquedos com diversos elementos e materiais ao seu dispor, conforme o espaço, a natureza ou a ausência dela a sua volta e a faixa etária a que pertencem. O processo da construção já constitui uma brincadeira em si mesma. Crianças em contato com a natureza espelham mais este desapego dos objetos, constroem brincando e brincam construindo. Pesquisas de Meirelles (2007) com crianças de comunidades ribeirinhas mostram este desapego: as crianças passam horas nesta construção, driblando desafios na escolha dos materiais, no tratamento deles e, em muitas situações, depois de o brinquedo ter ficado pronto e as crianças terem brincado, eles são esquecidos ou perdidos, voltando à natureza, sabendo que, no dia seguinte, o "processo-brincadeira-construção" recomeçará novamente.

Crianças que ganham brinquedos industrializados são mais apegadas a eles; outras, que ganham muitos brinquedos, acabam não dando valor aos mesmos, querendo, pedindo e ganhando sempre mais, nunca preenchendo suas insatisfações que têm profundas raízes em faltas afetivas.

Embora nossa tendência seja generalizar e classificar, cada fenômeno lúdico é único, singular, impossível de se repetir, inclusive na vida de um mesmo ser humano.

Para ilustrar, vejamos a brincadeira "Concurso do nariz" narrada por Sílvia, 10 anos, de Lavras/MG, 2009:

Todos os participantes estão em roda sentados de forma circular. Os jogadores terão os olhos vendados. A seguir o animador lhes fará cheirar dez objetos que deverão ser identificados sem serem tocados. Será o vencedor quem acertar o maior número de objetos.

Cada situação lúdica, como mostra o relato, é única porque o momento jamais se repete: mesmo que o local seja o mesmo, a composição dos grupos muda, as regras têm inúmeras variações, o estado de espírito de cada criança é ímpar, a inspiração é única e não pode ser repetida. Assim acontece com todas as brincadeiras, em todos os grupos, em todos os tempos.

Entremos neste "Concurso do nariz", entremos nesta roda de olhos fechados e sentidos despertos. Cheirar — as crianças estão com o olfato bem mais aguçado do que nós, adultos. Alguns sentidos, com o tempo, vão ficando "congelados" sendo substituídos por outros e, sobretudo, pelo olhar que nos dá acesso ao universo da informação. As crianças reconhecem, organicamente, os cheiros dentro e fora de si, sentindo-os, nomeando-os e vivenciando diversas sensações e emoções — conforme o objeto —, suas memórias pessoais dele ou suas memórias psíquicas. Estas podem provocar desde prazer até repulsa, calma, nojo, medo, entre tantas outras sensações. E, enquanto as crianças vivenciam estas emoções e sensações, o que menos importa é se elas acertam mais ou menos do que as outras, se elas irão ganhar ou não. É a própria vivência, a experiência na qual elas estão mergulhadas e absolutamente inteiras, presentes, que dá o sabor ao momento.

Evoco, aqui, a fala de Jorge Larrosa[4] (2002) quando afirma que a informação e a opinião são a antiexperiência. Ao adentrar no significado da palavra "experiência", do latim *experiri* (experimentar), descobre-se, no radical *periri*, o *periculum*, o perigo. E ainda, na raiz *per*, a ideia de travessia, passagem.

> Em nossas línguas há uma bela palavra que tem esse per grego de travessia: a palavra peiratês, pirata. O sujeito da experiência tem algo desse ser fascinante que se expõe atravessando um espaço indeterminado e perigoso [...]

---

4. Disponível em: <http://www.anped.org.br/rbe/rbedigital/RBDE19/RBDE19_04_JORGE_LARROSA_BONDIA.pdf>. Acesso em: 13 jun. 2013.

Ainda, a palavra experiência tem o *ex* de exterior, de estrangeiro, de exílio, de estranho e de existência. A ideia formulada por Larrosa de que a experiência "[...] é a passagem da existência, a passagem de um ser que não tem essência ou razão ou fundamento, mas que simplesmente 'ex-iste' de uma forma sempre singular, finita, imanente, contingente [...]", acolhe este mergulho na brincadeira-experiência infantil em que as crianças, brincando, atravessam lugares de perigo, estranhos, nos quais elas existem, são elas próprias.

Essencial a possibilidade de experimentar estes perigos nas brincadeiras, a vertigem, um dos seus elementos (Caillois, 1958), a vida, enfim.

c) Elementos das atividades lúdicas

A partir de estudos, reflexões e, especificamente, da minha experiência pessoal como formadora no âmbito do brincar, levanto, a seguir, alguns elementos característicos das atividades lúdicas.

O fenômeno lúdico comporta, na sua essência, elementos concretos e elementos abstratos.

No que diz respeito aos *elementos concretos*, destacamos: *uma estrutura* que se refere à forma — a orientação mínima necessária para a brincadeira acontecer. Tempo, espaço (ou contexto), protagonistas, objetos ou materiais e regras fazem parte destes elementos. E, por outro lado, temos uma *narrativa ou trama* que se refere aos conteúdos, às mensagens que estão por trás do fenômeno lúdico.

"URU XY"
Um participante faz o papel de onça, um é o "uru xy" (deve cuidar das galinhas), os demais são os pintinhos. No chão são feitas duas linhas, uma de cada lado. A onça fica no meio, as galinhas de um lado e o "uru xy" de outro. O "uru xy" deve correr até o lado das galinhas, e chamá-las para o seu lado, sempre tomando cuidado

para não ser pego. Se a onça pegar alguém o "uru xy" perde ponto. Se a onça pegar todas as galinhas, no final, deve tentar pegar o "uru xy". Ganha quem ficar com mais galinhas, a onça ou o "uru xy".

(Brincadeira de pegar narrada por Werá, 11 anos, da aldeia indígena Tenondé Porã, São Paulo, 2009)

Os conteúdos são os que nos levam a adentrar valores de cada cultura infantil, seus cotidianos, seus personagens, seus mitos, suas histórias. Na transmissão oral ainda está o berço dos valores culturais dos diversos povos e grupos. Grande parte desta riqueza não está inscrita em nenhum livro, mas nos muitos cotidianos brincantes através dos seus atores principais: as crianças. Elas possuem repertórios e conhecimentos que ultrapassam bancos escolares, enciclopédias ou computadores.

As brincadeiras de faz de conta dizem do mundo, da vida, das emoções de quem brinca. Quem não brinca ou brincou de faz de conta? Esta é uma brincadeira misteriosa, infinita nas suas possibilidades, repertórios, espaços, objetos, personagens, tramas, tantos quantos os incontáveis momentos em que cada brincadeira acontece, mesmo que brincada e "rebrincada" pelas mesmas crianças. Se não soubéssemos em que contexto a brincadeira anterior aconteceu, poderíamos fazer muitas associações possíveis a partir da compreensão da palavra "URU XY". Mas se não adentrarmos nas misteriosas mensagens desta comunidade — e nem sempre quem é de fora tem acesso às mesmas — dificilmente compreenderemos a brincadeira-vida de quem brinca, de quem participa, de quem vive.

A proposta do que seja este faz de conta feita por Shlomo Ariel, pesquisador israelense, no seu *Children's imaginative play* (2002, p. 7), inspira minhas reflexões: é um tipo de atividade que compreende manifestações verbais e não verbais ou ambas e inclui a evocação de algumas imagens mentais; a animação dessas imagens; a verbalização do ato de animá-las ou a negação da seriedade delas.

Podemos distinguir, entre os conteúdos significativos (as imagens mentais animadas) do faz de conta e os significantes por meio dos quais os conteúdos são expressos (verbais e não verbais), no aporte essencial de Piaget (1978) no seu profundo estudo desse faz de conta.

No que diz respeito aos *elementos abstratos* distinguem-se: *características* como sacralidade, ritmo, harmonia, lógica interna, caos, sentido próprio, influências inconscientes, mistério; *atitudes* e comportamentos como rodar, cantar, dançar, escolher fazem parte das regras; *climas* que podem ser quentes (de acolhimento), frios (de rejeição), tensos etc.; *potenciais* de desenvolvimento integral, de aprendizagens diversas, de trocas etc.; *espírito* de vontade, motivação, tensões, prazer, dificuldades, limites, liberdade, espontaneidade; e *mensagens*.

Os elementos abstratos são as características mais desafiadoras para nós, que pertencemos a uma cultura do "literal": é o desafio do aprofundamento que sugiro no presente livro.

A lagarta.
Faça uma roda, uma pessoa é escolhida
para ser a lagarta e ficará no meio da roda.
Todos cantam:
"O príncipe está lá dentro e as crianças estão lá fora.
Oh! Lagarta tá espichada com a boca do jacaré."
Quem está no meio da roda escolhe uma pessoa e juntos dançam
um na frente do outro jogando os pés para frente quando cantar
essa parte:
"Oh! Lagarta tá espichada com a boca do jacaré."
Quem foi escolhido vai para o meio da roda
e a brincadeira continua.

(Ana, 11 anos, Araçuaí, MG)

Como apreender e compreender os elementos abstratos citados?

O exemplo da brincadeira relatada em que temos a roda, *mandala* que, além do seu simbolismo arquetípico de totalidade, oportuniza a igualdade de posições e de papéis, tem um ritmo próprio dado pelos seus membros e pela música que a acompanha.

Acertar o passo e a hora certa de entrar, hesitar, imitar são algumas entre as inúmeras atitudes que podem ocorrer nesta singela brincadeira de roda.

Acolhimento, rejeição, tensão fazem parte de cada brincadeira e só estando dentro para, talvez, chegar a perceber estes climas: são os "não ditos", sentidos, intuídos e, talvez, passíveis de serem observados ou adivinhados. Nesta roda há muitas possibilidades de desenvolvimento e aprendizagens como coordenação, ritmo, ginga, atenção, conhecimento da música e, quem sabe, do significado do seu conteúdo, esperar a vez, entrar no ritmo do grupo.

Vontade, motivação, tensões, prazer, dificuldades, limites, liberdade, espontaneidade: todos estes elementos podem ser observados e sentidos, estando muito próximos das crianças envolvidas na brincadeira.

d) Brechas: possibilidades de entradas nos universos lúdicos

*Para a criança, também o desenho
é o mapa da consciência.*

(Dias, 2003, p. 235)

A ideia de "imprinting cultural" (Morin, 2005, p. 29) marca o ser humano, desde o seu nascimento, com o selo da cultura — familiar, escolar, universitária e profissional. Sinapses serão, desde cedo, seletivamente formadas, inscrições que irão marcar o indivíduo na sua forma de ser e de agir. Nos três primeiros anos de vida o cérebro possui grande plasticidade, maior facilidade de estabelecer conexões entre as células nervosas. Movimentar-se, sorrir, falar, brincar estão ligados ao amadurecimento do sistema nervoso e têm um profundo sentido educacional, levando ao desenvolvimento de redes neuronais que poderão ser acionadas em aprendizagens posteriores. Nesse sentido, a família, a escola e o meio cultural são fundamentais para apresentar novas informações. Ao final do terceiro ano de vida, a criança está pronta para aprender e se expressar de várias formas. As marcas podem ser muito positivas, mas podem também ser prejudiciais. Assim, o "imprinting cultural" pode fazer com que a criança desconsidere tudo aquilo que não estiver de acordo com seus valores ou crenças, levando-a a recusar informações vindas de outras fontes, eliminando-se outras formas de conhecer. "Somos culturalmente hipnotizados desde a infância" (Morin, 2005, p. 30). Isto é verdadeiro e perigoso, pois pode, realmente, prejudicar, tolher o desabrochar da essência do ser humano, privando-o de ser de forma inteira a partir das suas profundezas e da sua natureza.

É neste aspecto que podem aparecer, já a partir da infância, as "brechas" de que fala Morin (2005, p. 39) com a ruptura do "imprinting", promovendo no grupo cultural, familiar, formal ou não formal em que a criança convive "falas" que podem resultar na queda de verdades norteadoras daqueles grupos. Seriam estes "desvios" os embriões de "uma nova ordem cultural".

> As representações, símbolos, mitos, ideias, são englobados, ao mesmo tempo, pelas noções de cultura e de noosfera. Do ponto de vista da cultura, constituem a sua memória, os seus saberes, os seus programas, as suas crenças, os seus valores, as suas normas. Do ponto de vista da noosfera,[5] são entidades feitas de substância espiritual e dotadas de certa existência.
>
> (Morin, 2005, p. 139)

As representações infantis — brincadeiras, produções plásticas, expressões corporais — que caracterizam as diversas culturas com seus saberes, suas crenças, seus conteúdos e valores levam a marca, a influência, de todo o entorno familiar, social, midiático e mercadológico.

---

5. A noosfera comporta "uma diversidade de espécies": fantasmas, símbolos, mitos, ideias, seres matemáticos, poesias etc. Ao pensar nas manifestações infantis enquanto entidades noológicas, vemos com clareza que, embora ainda não traduzidas, estas manifestações possuem sua própria linguagem, sua lógica e seu tempo, muito diversos daqueles que integram o nosso cotidiano adulto. São estas linguagens e sua compreensão que constituem nosso desafio na compreensão mais profunda dos seus significados.

Estas representações e seus simbolismos têm vida própria e "dizem" da criança, do seu ser, das suas emoções, das suas crenças, da sua realidade.

*Eu queria ser rica para o meu pai comprar
uma boneca para mim e Arieli.*

(Aline, 7 anos, São José do Rio Preto/SP)

Este universo de "signos, símbolos, mensagens, figurações, imagens, ideias" no qual vivemos são os "mediadores [...] nas relações dos homens entre si, com a sociedade, com o mundo" (Morin, 2005, p. 140).

Detenho-me, especificamente, nas mensagens que aparecem nas imagens vividas e criadas pelas crianças por meio das suas manifestações e expressões espontâneas que "deveriam" ser mediadoras, trazerem consciência para o adulto deste universo não verbal, não literal que constitui a fala oculta, silenciosa, mas importantíssima, porque expressiva, profundamente verdadeira e humana do ser das crianças.

Assim como "cada poema inventa um mundo, cada romance, cada filme, cria um universo" (Morin, 2005, p. 140), também cada situação de faz de conta, cada "diálogo lúdico", cada pintura, desenho, gesto, expressão corporal cria um universo, o universo infantil, universal e particular ao mesmo tempo; natural e cultural; um universo complexo, ao mesmo tempo incerto e coerentemente organizado, com uma organização interna que precisamos aprender a "ler". Este universo infantil complexo se tece junto, a partir da natureza biológica das crianças, da cultura na qual elas estão inseridas, dos conhecimentos universais ao seu alcance, das relações e vínculos aos quais estão expostas.

*Ser criança é mergulhar no mundo de sonhos
e fantasias e esquecer os perigos do verdadeiro mundo.*

(Caio, 12 anos, Paraíso/SP)

Importante apontar o paradoxo levantado por Morin (2005, p. 141): "o que nos faz comunicar é, ao mesmo tempo, o que nos impede de comunicar". Esta "tela entre o mundo cultural, [...] cercado de nuvens, e o mundo da vida" de que nos fala o autor, é gritante quando falamos do universo infantil; em nossa sociedade estamos muito mais preocupados em "ensinar", ou seja, transmitir conhecimentos, do que nos processos individuais de dar espaço para as crianças se mostrarem inteiras.

Quando eu crescer vou sentir falta da minha infância, pois ela é tão divertida... Só quero ser criança.

(Maitê, 9 anos)

No universo da infância são os espíritos/cérebros das crianças que dão vida às representações, mitos e crenças por intermédio das suas linguagens verbais e não verbais, expressivas. No universo humano infantil há um diálogo, dentro da noosfera, de "ordem/desordem/organização" que, de fora, parece incompreensível para nós, adultos, se não adentrarmos e aprendermos estas linguagens que fazem o inconsciente falar. Assim, cada leitura, cada escuta "é um ato de regeneração" (Morin, 2005, p. 154): algumas obras vivem sendo regeneradas, outras morrem por falta de olhares para elas ou por esquecimento. Quando nosso olhar, nossa atenção ou nossa sensibilidade não prestam atenção aos dizeres, manifestações e obras das crianças, muitas destas manifestações podem morrer, muito do ser profundo de uma criança pode vir a perecer já desde cedo na sua existência, tendo complexas consequências no seu caminho, no futuro, como ser humano inteiro.

Mandió
Há um visitante querendo fazer negócios com o dono da plantação de mandioca. As mandiocas (as crianças) ficam abraçadas por trás, em fileira, ligadas a uma árvore ou poste. Depois que a negociação é feita, o visitante deve tentar arrancar as mandiocas da terra. Para isso, deve abraçar o último participante por trás e puxá-lo até "arrancá-lo" da terra.

(Werá, 11 anos, aldeia Tenondé Porã/SP)

Nós, visitantes desta plantação, brinquemos com as mandiocas, mas não as arranquemos da sua terra...

CAPÍTULO III

"Dizeres":
Com a palavra, as crianças

Que as crianças me deem licença
De poetizar suas vidas
De trazer para a minha
Seus dizeres, suas pérolas.
Que são tantas, tão profundas,
Muitas perdidas, esquecidas.
Tantas vezes ditas,
De tão diversas maneiras,
A maior parte ignoradas,
Algumas quiçá enxergadas.
As trago para a frente do palco da vida,
Para que possam ser sentidas,
Para que possam ser partilhadas,
Para que possam ser integradas...
Às nossas vidas.
Que as crianças me deem licença.

(Friedmann)

Discute-se, atualmente, no âmbito das Ciências Sociais, a existência e legitimidade das culturas infantis. Desde a década de 1980, diversos grupos de pesquisadores, sobretudo nos Estados Unidos, Países Baixos, França, Inglaterra, Portugal, Brasil e Argentina, refletem e pesquisam as crianças como um grupo com seus direitos e singularidades que merece ser ouvido, compreendido e pesquisado, por ser criador de culturas e por ressignificar as culturas que herdam. Hoje, primeira década do século XXI, podemos ler uma multiculturalidade nos grupos infantis e nos repertórios das crianças; multiculturalidade esta influenciada pela globalização, pela mídia, pela informática e, ao mesmo tempo, pela diversidade de culturas de origem dentro de cada família e pela diversidade de culturas de convivência nos âmbitos escolares e não formais.

Assim, essencial é o investimento de esforços hoje, em pesquisas que conheçam e reconheçam estes grupos infantis e suas culturas.

As vozes infantis que inspiram esta obra trazem inúmeras reflexões e questionamentos a respeito do que as crianças estão vivendo, sentindo, experimentando, pensando, processando e trocando com seus pares e com os adultos à sua volta.

OUVIR
Perceber, escutar, dar atenção, considerar.

---

a) Linguagens infantis

Aquilo que tem na infância a sua pátria originária,
rumo à infância e através da infância,
deve manter-se em viagem.

(Agamben, 2005, p. 65)

> **LÍNGUA**
>
> Sistema abstrato de signos inter-relacionados, de natureza social e psíquica, obrigatório para todos os membros de uma comunidade linguística.
> Estilo de expressão particular a um grupo social, profissional ou cultural.

> **LINGUAGEM**
>
> Qualquer meio sistemático de comunicar ideias ou sentimentos através de signos convencionais, sonoros, gráficos, gestuais etc.

Adentremos o universo das linguagens. Estas não se restringem unicamente aos idiomas, às palavras, ao verbo: existe a linguagem do corpo, a do gesto, da expressão corporal, da dança. Existe a linguagem da arte, da expressão plástica, do desenho, da pintura, da escultura, dos trabalhos manuais. A linguagem da música, da canção, do som. Existe a linguagem da expressão lúdica, da brincadeira, do faz de conta, da expressão teatral.

Cada uma destas linguagens possui sua gramática, sua fonética, seu vocabulário, sua semântica. Cada uma tem suas metáforas, seus significados.

Agamben (2005), filósofo da infância, propõe que a infância e a linguagem estão intrinsecamente ligadas, cada uma remetendo à outra em um círculo no qual a infância é a origem da linguagem e a linguagem a origem da infância: a infância não assinala apenas um período, mas coexiste, originalmente, com a linguagem. A infância, para o filósofo, é o início da profanação da linguagem, ou seja, de sua descoberta, principalmente poética. Afinal, diz Agamben (2005, p. 59), "a linguagem é nossa voz, a nossa linguagem. Como agora falas, isto é a ética".

Habilidades linguísticas — fonologia (sons da fala), vocabulário e significado (semântica), gramática (sintaxe) e pragmatismo (uso da linguagem de forma adequada em situações sociais) — desenvolvem-se rapidamente durante os anos pré-escolares. Algumas habilidades fonológicas podem ser desenvolvidas em monólogos enquanto a criança balbucia para si mesma em seu berço, mas a maioria dos benefícios da aprendizagem linguística, provavelmente, resulta das brincadeiras sociodramáticas.

> **TRADUÇÃO**
> Na sua raiz o sentido da palavra latina significa transferência, transposição.
> (Lévi-Strauss, 1971).

Traduzir uma língua significa também fazer uma releitura, ressignificar textos, falas, narrativas. Traduzir é trazer para a língua nativa frases, enunciados, sentidos de uma língua estrangeira. É ler, compreender e transcrever pensamentos, sentimentos, ideias. Traduzir línguas não verbais é também ler, ouvir, interpretar, trazê-las para nossa sensibilidade e ressignificá-las. Traduzir as linguagens das crianças de diversas culturas é um exercício de plena presença, inteireza e escuta da voz do mais profundo dos seus seres e do nosso próprio ser. Torna-se desafiador estar profundamente conectados com nosso acervo interior, com nossa bagagem pessoal que irá contribuir para a compreensão das falas dessas crianças e dos seus significados.

As imagens interiores das crianças, que tomam vida por meio de brincadeiras, de trocas com os outros, de expressões corporais ou artísticas, são lidas e chegam até nós passando por uma representação externa que irá misturar-se com nossas próprias imagens e representações internas, para voltar ao mundo sob a forma de novas imagens expressas em palavras ou qualquer outro tipo de representação.

O caminho da comunicação é bem complexo, pois coloca em movimento estruturas mentais, emocionais, corporais, revestidas de mantos históricos, sociais e culturais que irão permitir tantas interpretações e expressões quanto emissores e leitores estiverem participando destes diálogos.

Quando nos propomos a ler, ouvir e traduzir as linguagens não verbais das crianças fizemos metade do trabalho, o que não é pouca coisa. Até aqui ficamos na *forma*.

Interpretar e comunicar os enunciados, compreender os conteúdos, ressignificar ideias e sentimentos ou emoções é o desafio do *conteúdo*. Comunicarmo-nos com as crianças nas suas próprias linguagens é a outra parte do desafio. E penetrar no conteúdo daquilo que está sendo dito. Qualquer desatenção pode nos tirar da tensão criada e, até, do verdadeiro e profundo significado da fala do nosso interlocutor.

Dominar uma língua não é somente compreendê-la ao lê-la ou ouvi-la, mas, sobretudo, poder expressar, por seu intermédio, sentimentos e pensamentos. Poder conjugar verbos e possuir um amplo vocabulário não é suficiente para se comunicar: estruturá-los em frases com significado é o desafio.

Cada um de nós já falou, em algum momento da sua infância, se não as mesmas linguagens das crianças a quem queremos compreender, ao menos algum dialeto ou variações.

Temos, portanto, memórias guardadas, impregnadas na nossa história de vida, no nosso ser, no nosso inconsciente. E esta é a chave que pode abrir as portas da comunicação: a nossa memória, a criança interior que nos habita; expressões do nosso ser podem conectar-se com as crianças com quem queremos nos comunicar.

Estas linguagens feitas de segredos, rituais, medos, superstições, personagens imaginários, fantasias, ídolos, objetos sagrados, inseguranças, carências, raivas, amores secretos, mentiras, fantasmas, esconderijos, desejos e tantos outros mistérios invisíveis são verdadeiras e autênticas pistas que revelam o ser humano na sua singularidade, na sua essência, na sua profundidade.

Sinais estão, o tempo todo, chamando nossa atenção: pelos silêncios, olhares, choros, agressividades, posturas corporais, preferências, rejeições, expressões, escolhas, brincadeiras, doenças, comportamentos.

Ler e compreender mitos das mais diversas culturas, épocas e grupos é muito inspirador para a leitura e compreensão de linguagens não verbais; ambos, os mitos e as linguagens, acham-se impregnados de imagens e mensagens diversas.

A música, a matemática, o mito e a linguagem constituem

> o conjunto dos seres estruturais [...] e são as expressões mais próximas do espírito humano em estado puro. Todo mito é por natureza uma tradução [...] que um ouvinte trata de demarcar, traduzindo-o a seu modo, em sua linguagem pessoal ou tribal [...]. O mito é uma perspectiva sobre uma língua outra, e o mitólogo que o apreende através de uma tradução não se sente numa situação muito diferente da do narrador ou de seu ouvinte (Lévi-Strauss, 1971, p. 8).

O mito é passado por narradores orais de uma geração a outra e vai sendo incorporado pelos grupos até ir se fixando. Assim também as brincadeiras, gestos, rituais, contos são transmitidos de forma oral em diferentes regiões do mundo e, historicamente, evidenciam por meio de registros arqueológicos, iconográficos, pictóricos e escritos, como o homem brincava.

Joseph Campbell (1998), mitólogo americano, via os mitos como produtos criativos da psique humana, formas de o ser humano manifestar seu inconsciente. Afirmava que havia uma universalização de temas de diferentes culturas em cada mito. Ele considerava o mito enquanto registro simbólico da experiência de estar vivo: a matéria-prima para as histórias da humanidade, "o canto do universo". Ele via os mitos como pistas para as potencialidades espirituais e afirmava que os mitos e os sonhos vêm do mesmo lugar. Também o imaginário infantil tem sua origem no inconsciente e cada cultura espelha, por meio dos relatos das crianças, suas singularidades. Estas expressões que vêm do imaginário infantil constituem pistas, mensagens que dizem respeito ao universo interior das crianças.

Assim como há "música nos mitos com uma significação secreta camuflada no fundo de uma floresta de imagens e signos" (Lévi-Strauss, 2004, p. 52), as linguagens não verbais infantis têm sua musicalidade própria, suas harmonias e seus ritmos particulares, conforme cada cultura infantil, a serem desvendados. Um desafio para várias gerações.

b) A coragem de adentrar nos labirintos infantis

Ligando gestos, imagens e falas, abrindo caminhos,
a linguagem inaugura a possibilidade de a criança
fazer sentido do mundo que a rodeia.

(Dias, 2009, p. 73)

As falas que aparecem neste capítulo foram objeto da pesquisa "Com a palavra as crianças", a partir de material cedido pelo caderno Folhinha do jornal *Folha de S.Paulo*, no ano de 2007. Dos 6.000 depoimentos recebidos do país todo, nos quais crianças, entre 7 e 12 anos escreveram e desenharam sobre o tema "Ser criança hoje é...", foram selecionados, lidos e analisados (por uma equipe de pesquisa integrada por sete especialistas, sob minha coordenação), por volta de 600 documentos que espelham o que as crianças estão vivendo, sentindo e pensando atualmente. Na sequência, as fichas mais significativas foram trocadas entre os pesquisadores para uma releitura e troca de pontos de vista. Com base nesta segunda leitura, as fichas consideradas especiais pelas mensagens que veiculavam ou pela originalidade ou emoções que provocaram foram agrupadas em novos temas. Todos os textos estavam acompanhados de um desenho. Os direitos autorais sobre os desenhos e as falas foram cedidos pelos pais e/ou responsáveis pelas crianças participantes à *Folha de S.Paulo*, autorizando a reprodução dos mesmos.

Nesta obra, os nomes foram trocados para preservar a privacidade das crianças. As idades e os locais de origem foram preservados.

Os temas a seguir são fruto dos materiais analisados. Seguem-se algumas narrativas que desvelam a vida destas crianças, falas selecionadas, aqui, pela importância das mensagens que veiculam e, acredito, essenciais de serem ouvidas por nós, adultos.

Adentremos alguns dos temas e conteúdos trazidos por meio dos desenhos e falas das crianças que partilharam das suas vidas, das suas emoções, das suas vivências. De mãos dadas com elas, vamos juntos conhecer suas paisagens, seus caminhos.

Uma das temáticas que aparece nos dizeres das crianças diz respeito às suas *culturas*, aos seus esconderijos, aos tesouros que cultuam, aos seus sonhos, aos seus brincares e sensibilidades.

Marisa, 11 anos, de Jaú, São Paulo, abre-nos a porta do seu lugar predileto:

> *Tem um lugar em minha casa, que eu gosto muito, lá eu passo muito tempo, principalmente à noite, pois é nessa hora que me sinto mais entediada. Esse lugar é o meu guarda-roupa, no compartimento dos vestidos. Eu adoro esse lugar! Como disse, passo muito tempo lá.*

Os armários, aparentemente, lugares restritos pelos pais, têm sido, ao longo da infância de inúmeras crianças, esconderijos preferidos. Espaços de liberdade, de segurança, fuga em muitos casos, espaços em que elas ficam livres para serem quem são, para poderem sonhar ou ter um pouco de sossego interior. Esta brincadeira-esconderijo é arquetípica e revela uma necessidade essencial do ser humano: a de ter seu espaço próprio, seja ele qual for; a de poder desaparecer, poder ter o direito de sonhar, ter seus segredos, sua intimidade, viver seus medos e sua escuridão.

> [...] toda criança que se encerra deseja a vida imaginária: os sonhos, ao que parece, são tanto maiores quanto menor o espaço em que o sonhador está.
>
> (Bachelard, 1990, p. 86)

Bia, 12 anos, de São Paulo, partilha conosco os segredos da sua imaginação:

[...] minha imaginação é mais brilhante que ouro, mais valiosa que esmeralda, mais leve do que penas [...]. Tudo bem, tudo bem... O mundo tem esperança, mas eu preciso conhecer outras galáxias... Quero ficar bem próxima da lua, das estrelas, dos cometas, dar muitas voltas e quando estiver satisfeita poder voltar.

Assim Bia, descreve, poeticamente, sobre a importância da imaginação.

Século XXI: tolhe-se muito esta imaginação, tanto na escola com o acúmulo de informações e da pressão escolar feita de forma precoce; ou na família, que cria agendas lotadas no cotidiano das crianças. Elas são privadas destes espaços de imaginação em que poderiam atender a uma necessidade visceral de adentrar mundos imaginários, por meio das suas brincadeiras de faz de conta, dos contos, representações plásticas ou teatrais, e de tantas outras formas. Tolhe-se a imaginação, tolhem-se as oportunidades de expressão. Os desenhos, produção quase cotidiana e que, muitas vezes, acabam no lixo, não são olhados por nós, adultos. Um singelo desenho fala pela criança, como o anterior, está falando pela criança e da criança, do seu autor: pelas cores, tamanho e posicionamento das figuras, dos traços.

Tiago, 11 anos, de Nova Esperança/PR, revela-nos seu maior tesouro. Que privilégio!

Meu maior tesouro é viver
Com alegria e prazer
Da vida aproveitar
Sem deixar sobrar
Às vezes tem que escolher,
Entre amar ou sofrer!!
Agora estou aqui
Com vontade de sorrir
Pois a vida é assim

> *Se eu não sorrir o que será de mim?*
> *Tenho muitos cuidados*
> *Com doenças e machucados*
> *Viver para mim é o que há de mais precioso*
> *Claro que tem que cuidar da vida*
> *Enquanto há tempo, depois*
> *tempo não haverá, pois a vida foi feita para aproveitar*
> *Meu maior tesouro com certeza é a minha vida*
> *Depois o que será de mim só "Deus sabe".*

Tiago espelha nesta narrativa um sofrimento oculto. Por meio desta poesia, vislumbramos que este menino é sobreprotegido. Há também indícios de algum tipo de doutrinação e de valores transmitidos no seu entorno com relação à religião.

Crianças desta faixa etária são extremamente sensíveis e este é um período em que a ingenuidade vai sendo abandonada. As crianças recebem estímulos e informações do mundo externo, nos grupos escolares e na rua; ocasião para cortar o cordão umbilical com a família nuclear e descobrir novos valores e referenciais.

Guilherme, 7 anos, de São Paulo, apresenta-nos sua perspectiva do próprio futuro:

> *Quando eu crescer eu vou ser jogador de futebol...*
> *vou ganhar muito dinheiro.*
> *Eu vou ser muito rico e meus pais vão me dar muita atenção.*
> *E quando eu chegar na minha casa, meus pais vão ficar muito felizes.*

Há uma clara expectativa por parte dos pais refletida nesta fala: o valor recebido a respeito da riqueza que um bom jogador de futebol pode obter. Mas há, sobretudo, um grito de socorro, pedindo a atenção dos pais: no futuro vai satisfazer a expectativa deles para que fiquem felizes e lhe deem a atenção que não lhe dão hoje.

As crianças falam dos seus *brincares*, como Alice, 10 anos, de Santo André/SP:

> *Na minha casa, há algumas coisas que fazem falta, uma delas é brinquedo.*
> *Tem vezes que eu fico fazendo, com caixas de papelão, casinha para Barbie, mas nunca dá certo... como não tem lugar para colocar...*
> *Minha mãe ou minha tia Arilda amassam e jogam fora.*
> *Elas falam: "Até que é bonitinho, mas vai para o lixinho!"*
> *Aí eu fico louca!...*
> *Faço essas casinhas para a minha prima, minha irmã e eu brincarmos juntas. Quando eu termino de fazê-las, eu fico tão feliz, satisfeita...*
> *É que fica delicadinho, bem fofinho, como a casa de verdade...*
> *Tem vezes que eu coloco até luz na casinha... e um lugar onde as bonecas podem ver o céu, o teto na verdade!*
> *Já ouvi a minha vó falar: "eu vou te dar uma casinha de madeira", isso já faz tempo, até hoje ela nem tocou no assunto.*

Realidade e fantasia misturando-se: Alice constrói casas que são sonhos da casa que gostaria, talvez, de ter na vida real: o processo de construir um sonho que traz um lampejo de felicidade, rapidamente destruída por um ato violento dos adultos que jogam esta felicidade no lixo. A beleza, a estética espelhadas em um micromundo de faz de conta; o desejo de ter luz — que talvez faltasse na sua verdadeira casa — são claros indícios das fantasias desta menina.

A sensibilidade infantil aparece e reaparece nas narrativas:

> *Certo dia lá na minha casa estava faltando arroz e a minha mãe não estava trabalhando e também estava faltando óleo... Minha irmã deu o cartão e a minha mãe foi ao mercado... A pia estava cheia de louça e eu disse:*
> *— Mãe eu vou lavar a louça.*
> *E eu fui lavar e lavei e guardei...*
> *— Vou lavar o banheiro, aspirar o pó do quarto...*
> *Arrumei o quarto e escureceu e fui dormir.*
> *O que não falta na minha casa é amor e carinho.*

Clarissa, 11 anos, do Rio de Janeiro, apresenta-nos uma realidade de carência econômica, como a de tantas crianças que ajudam nos cuidados da casa, e do valor que é dado ao afeto, do qual sua família é rica.

Crianças falam muito e de diversas formas das suas famílias, das suas relações, influências e sentimentos. Falam-nos das suas carências, de vínculos, de valores, como Felipe, 10 anos, de Ribeirão Preto/SP, poetizando sobre o *tempo*.

[...] Lá em casa falta tempo para tudo.
E o relógio não para...

[...] o poema é um cacho de imagens.
(Bachelard, 1991, p. 6)

Quando a criança poetiza sobre o tempo, quem melhor do que outro poeta para dialogar com ela e conosco? A fala dos poetas, assim como a das crianças, é uma reza que vem tão do fundo do ser, de sentimentos profundos, das raízes, das vivências... que, então, como não mergulhar junto, sentir junto, viver junto?

ORAÇÃO AO TEMPO
Caetano Veloso

És um senhor tão bonito
Quanto a cara do meu filho
Tempo tempo tempo tempo
Vou te fazer um pedido
Tempo tempo tempo tempo...

Compositor de destinos
Tambor de todos os ritmos
Tempo tempo tempo tempo
Entro num acordo contigo
Tempo tempo tempo tempo...

Por seres tão inventivo
E pareceres contínuo
Tempo tempo tempo tempo
És um dos deuses mais lindos
Tempo tempo tempo tempo...

Que sejas ainda mais vivo
No som do meu estribilho
Tempo tempo tempo tempo
Ouve bem o que te digo
Tempo tempo tempo tempo...

Peço-te o prazer legítimo
E o movimento preciso
Tempo tempo tempo tempo
Quando o tempo for propício
Tempo tempo tempo tempo...

De modo que o meu espírito
Ganhe um brilho definido
Tempo tempo tempo tempo
E eu espalhe benefícios
Tempo tempo tempo tempo...

O que usaremos pra isso
Fica guardado em sigilo
Tempo tempo tempo tempo
Apenas contigo e comigo
Tempo tempo tempo tempo...

E quando eu tiver saído
Para fora do teu círculo
Tempo tempo tempo tempo
Não serei nem terás sido
Tempo tempo tempo tempo...

Ainda assim acredito
Ser possível reunirmo-nos
Tempo tempo tempo tempo
Num outro nível de vínculo
Tempo tempo tempo tempo...

Portanto peço-te aquilo
E te ofereço elogios
Tempo tempo tempo tempo
Nas rimas do meu estilo
Tempo tempo tempo tempo...

Como é precioso o tempo, como é dolorida a falta dele, como passa rapidamente o tempo que, quando olhamos para trás, já se foi e não volta. As crianças clamam pelo tempo de atenção, sofrem a solidão, a falta dos pais. O tempo dos relógios que não param e que não combinam com um tempo orgânico em que o corpo clama, as emoções gritam suas necessidades. "Tempo, tempo, tempo, tempo [...] ainda assim acredito [...] num outro nível de vínculo", como canta Caetano, num tom pausado que nos ajuda a entrar nas emoções mais orgânicas do tempo.

Adentremos, a convite das crianças, na tapeçaria dos *vínculos* tecidos pelas suas vidas, por meio das suas imagens, dos seus dizeres.

O que há de mais essencial, sutil, frágil e revelador do ser humano do que os vínculos que ele tece ao longo da sua vida? São os vínculos que dão sentido às nossas vidas desde o primeiro até o último suspiro. Sem eles, positivos ou negativos, nada mais tem sentido. O que nos vincula com nossos pais, cuidadores, professores, amigos, amores, colegas, vizinhos, entre tantos outros atores que cruzam nossa estrada? O que nos vincula com nosso lar, com nosso bairro, com nossa cultura? O que nos vincula com nossas escolhas? Quantos sentimentos positivos ou negativos, valores, emoções, espelhamentos...

Como nos conta Adriano, 10 anos, do Rio de Janeiro:

Gente, quero apresentar uma pessoa muito importante pra vocês, meu querido pai. Somos muito parecidos, vocês não acham?

Estávamos na véspera de Natal e eu e o meu pai brigamos...
No dia seguinte o meu pai queria me perdoar:
— Filho me perdoe.
E eu disse:
— Perdoo pai.
Filho, Feliz Natal — e me deu um presente.
Eu disse:
— Não precisa pai eu já tenho o meu maior tesouro.

E André, 7 anos, de Belo Horizonte:

Está faltando meu pai lá em casa.
Ele não mora mais comigo
e eu só o vejo no fim de semana...
Eu espero que meu pai volte para casa...

Não é possível tirar conclusões sem conhecer sempre a realidade de cada criança. Muitas vezes, as crianças expressam — e misturam — aquilo que não têm, aquilo que desejam, aquilo que sonham ou gostariam de ter porque lhes falta. Mais do que fazer afirmações conclusivas, o nosso desafio é abrirmo-nos às perguntas que nos levem a novos questionamentos. Na infância, realidade, imaginação, jogo e sonhos misturam-se na vida das crianças. E isto é saudável e não pode ser tolhido.

Mari, 11 anos, de Fortaleza, partilha conosco da *confiança* que estabeleceu com sua mãe:

Com ela eu posso falar os meus supersegredos, a gente fofoca..., com ela eu não tenho vergonha de falar nada... e sei que com ela não vou passar vergonha.

A confiança, sentimento que move e estabelece vínculos: a criança pode falar seus segredos, tem, em alguém, um berço que a acolhe, braços que a envolvem, ouvidos que a escutam. Ali, naquele ser, tem um porto seguro que acalma sua ansiedade, pois esta mãe a aceita como ela é; e por isso não tem vergonha de partilhar o que sente, o que vive, o que pensa.

Maurício, 7 anos, de Guarulhos/SP, abre seu coração para falar de *respeito* que não é um sentimento de mão única, e é básico para que um vínculo de afeto possa se estabelecer.

Eu sei que ele estava fingindo, mas ele não queria me chatear, então eu fingi que tinha acreditado.

Quantas vezes as crianças fingem ou escondem ou reprimem seus sentimentos porque aprenderam a fingir com muitos adultos que, por sua vez também fingem, ocultam ou reprimem seus sentimentos! Para onde vão estas emoções? Onde ficam guardadas por tantos e tantos anos? Muitas vezes provocando inúmeros equívocos, desencontros, outras, evitando ferir nossos seres mais queridos. Outras tantas vezes estas emoções têm a possibilidade de serem expressas nas brincadeiras, nos desenhos ou em outras formas de narrativas. Muitas vezes estas feridas são transformadas em raiva, agressividade ou doenças. Que preço alto paga o ser humano por mascarar seu ser!...

João, 9 anos, de Belo Horizonte, nos mostra suas *influências*, suas *referências*:

Vou casar... passear com as crianças... brincar com elas, comprar muita comida, comprar brinquedos para elas. Serei homem perfeito.

Esta fala reflete, talvez, o que ele vê no pai ou o que ele não tem do pai, ou o que ele desejaria que acontecesse na sua vida. Com tão pouco tempo de vida, João já fica profundamente afetado pela figura masculina. Esta figura irá ser uma das tantas facetas do seu mundo

LINGUAGENS E CULTURAS INFANTIS

interior, ainda em formação, mas desde cedo, absolutamente impregnada no seu ser e influenciando suas emoções.

Marcos, 9 anos, de Belo Horizonte, nos fala dos seus *medos* — e quem não os têm?

> *Eu tenho medo do meu pai e da minha mãe morrerem primeiro do que eu, ou ao contrário.*

Medos que nos fazem humanos, reais, vivos e que nos dão a dimensão da nossa finitude, da nossa fragilidade.

Fácil ou difícil falar do *amor*, Carol, 10 anos, de São Paulo, o faz lindamente:

> *O meu maior tesouro é a minha mãe... por todos esses 10 anos de vida que eu tenho sempre fez tudo para me ver feliz... A minha mãe só quer o meu bem... é a pessoa mais importante da minha vida, é a mulher mais especial que existe no mundo.*

Muitas crianças relatam sua relação com o *ensino e a aprendizagem* — os seus desejos:

> *Quando eu crescer vou querer colecionar muitos livros.*
>
> (Tina, 12 anos, Fortaleza)

As suas expectativas:

> *Quando eu crescer quero ser patinadora...*
> *esse meu desejo é muito grande.*
> *Quero ser muito famosa e chamar muita atenção do público*
>
> (Beatriz, 10 anos, Feira de Santana/BA)

Wilson, 12 anos, interior de São Paulo, nos conta *o que o irrita*, fala sobre *honestidade*, sobre seu espaço — *a escola* — e sobre *política*:

Coisas irritantes
Coisas que me irrita é pessoas que falam mentira que vai fazer alguma coisa e não faz nada como a prefeita que fala que as crianças da nossa escola é uniformizada tem biblioteca na sala sala de computação que tem mesa para todo mundo sentar é bem pintada as mesas e os bancos e falam que as crianças tão adorando as merendas da escola.

Linda, 8 anos, de Orlândia/SP, fala sobre sua *autoestima*:

[...] um dia especial foi quando estava no pré e ia acontecer minha formatura. Fiquei muito emocionada porque ia subir no palco para receber o diploma.

Quem não lembra desses momentos de profunda emoção frente a um ritual que nos celebra?

Ana Clara, 10 anos, de Ribeirão Preto/SP, surpreende com esta fala emocionada, fala de tantas crianças quando em contato com a imensidão da *natureza*:

[...] me emocionei quando vi pela minha primeira vez o mar.

Como não se emocionar sempre e desde a primeira vez, com o milagre da natureza? Sua imensidão que tanto nos ensina sobre nós mesmos e sobre a vida?

Lúcia, 10 anos, de São Paulo, nos apresenta seus *espaços* de paz:

Eu na minha escola tenho um lugar que acho bem legal! Lá virou o meu esconderijo secreto, meu e das minhas amigas, é onde a gente acha que tem mais paz... É um ótimo lugar para conversar não tem gritaria é bem legal!...
Se o mundo fosse assim calmo e todos amigos... seria bem melhor não?

Afetos, relações de carinho e cuidados com o outro e com o mundo aparecem em muitas falas infantis.

Renán, 12 anos, de Itu/SP, nos conta dos seus *vínculos*:

Eu tenho um cachorro que se chama Leonardo. Ele é meu melhor cachorro. [...] quando eu acordo ele fica me olhando.

Tomás, 11 anos de Botucatu/SP, apesar das *influências* e *referências*, ainda tem consciência do que quer:

[...] meu pai disse que queria que eu fosse engenheiro civil, mas minha paixão por animais é maior...

A percepção infantil quanto ao *meio ambiente* e suas expectativas com relação ao *futuro* foi um dos temas mais recorrentes nas falas das crianças, como no impactante relato de Tiago, 12 anos, São Paulo:

As formiguinhas
De todos os problemas que estão acontecendo no mundo, nada me preocupa mais do que o aquecimento global. Até onde eu sei, o ser humano nunca se viu diante de uma situação como essa.
Violência, guerras, doenças... Tudo isso já existia antes mesmo do homem nascer. E o aquecimento da Terra? Nunca houve nada assim... nem parecido.
Todo mundo ajudou a esquentar o planeta, mas agora ninguém quer pagar a conta. Os pobres dizem que a culpa é dos ricos e estes não querem saber de coisa alguma, porque quem vai sofrer primeiro são os mais pobres.
Pois é... E nós, seus egoístas? Nós crianças não somos culpadas, mas não teremos um planeta tão bonito para mostrar para os nossos filhos. Vocês acham isso justo?
A única solução que vejo é fazer trabalho de formiguinha; tentar mudar as ideias das pessoas: de que a água não nasce na torneira, de que o lixo na rua chega até os rios e mares e de que a reciclagem ajuda o planeta.
Quanto mais pessoas conscientes, mais formiguinhas irão se juntando, até que um dia, ao invés de carregar folhas, carregaremos árvores!

As crianças dizem sobre o mundo que estão recebendo: o aquecimento global, a falta de água, a poluição, a reciclagem. E conseguem expressar tudo isso com arte e poesia.

Como nós, adultos, recebemos tamanha consciência, tamanho medo?

> [...] *você costuma pensar no futuro? Pois eu costumo... e também gostaria que transformassem a água salgada em água doce...*
> (Sílvia, 6 anos, São Paulo).

Rita, 10 anos, de São Paulo, faz uma previsão do seu *futuro*, uma biografia extremamente sintetizada indo até a pós-vida:

> *Vou me casar e ter bebezinho aí... vou crescer e ser igual ao meu pai e depois eu viro velhinha igual a todos e morremos, não sabemos para onde vamos, para baixo ou para cima, quem vai para cima tem sorte e que vai para baixo não tem — a vida é um sonho.*

Quanta filosofia no mundo interior destas crianças!

Tantas outras crianças falam e expressam sua profunda *espiritualidade*, como João, 8 anos, do Rio de Janeiro:

> *Ele adora crianças quietas, educadas e que não fazem coisas más. Ele nasceu há muito tempo, Ele é adulto, mas é legal...*
> *Você sabe quem ele é?*
> *Vou te contar quem é ele: Deus o nosso pai.*

Por trás desta fala percebe-se uma tentativa de doutrinação por parte dos adultos: para Deus gostar de você, você precisa ser educado e bonzinho.

Como as crianças constroem e expressam seus *valores* no mundo? Elas têm uma clareza que vai se perdendo, como nos mostra Clarice, 11 anos, de Florianópolis/SC:

Adoro ler, escrever, ir à escola e fazer coisas diferentes, e quando crescer aposto que tudo isto vai mudar muito, porque já terei crescido, então aposto que quando eu crescer eu sonharei de voltar a ser criança de novo.

Tânia, 12 anos, de Ouro Preto/MG, fala do que quer, provavelmente com a referência da vida que tem ou que deseja:

Em relação à profissão quero ser nutricionista. Quando for adulta quero ter dois ou três filhos e não pretendo depender do meu marido, acho melhor. Espero ser uma boa mãe. Espero que meus filhos vivam num mundo melhor, sem tantas guerras ou poluição. Sonho em morar em uma casa, não precisa ser grande, mas bem bonita.

As crianças observam o mundo adulto que veem à sua volta e já colocam na balança o que querem ou não para seu futuro: voltar a ser criança e continuar uma fase que elas consideram enriquecedora, estimulante; ter uma profissão, casa, filhos, autonomia e um mundo melhor!

As influências da mídia no cotidiano infantil da sociedade de consumo são notórias e confundem os desejos das crianças, como revela João, 10 anos, de Porto Alegre:

Meu maior tesouro é meu pai, minha mãe e é claro, meu computador... ele é sagrado, além de ter tudo o que quero, ele é o melhor presente do mundo.

Computadores, *iPods, iPhones, videogames*, celulares invadem hoje o cotidiano de adultos e crianças. Tornaram-se quase necessidades orgânicas, tesouros reais para grande parte da geração do século XXI. Estes meios de comunicação, lazer e acesso a um mundo de informações e possibilidades vêm transformando as formas de relacionar-se, vincular-se, aprender, "viajar", brincar.

Relatos de *violência* explícita e implícita e sua relação com a abreviação da infância aparecem em expressões de traumas ou fortes vivências, uma dentre tantas, partilhada por José, 8 anos, do Rio de Janeiro:

> *O meu maior sonho é que meu pai voltasse e nunca mais fosse preso e ficasse em casa comigo para sempre.*

Quantas crianças vivem de tão perto a ausência do pai preso? Quantos conflitos e emoções vivem estas crianças interiormente entre o certo, o errado, a transgressão, o amor, a saudade?

Ser diferente não é um problema para algumas crianças. Vejamos a situação da Nina, 12 anos, de São Paulo:

> *Eu adoro a Milla, ela é uma atriz que nasceu na Ucrânia. Eu me identifico muito com ela, principalmente com a parte da vida dela na escola. Eu também não sou popular, fico sozinha no recreio, eu fico mais no meu próprio mundo também.*

Todas e cada criança, cada ser humano têm uma particularidade, algum aspecto da sua personalidade diferente do comum, do "popular", como elas dizem. E é nessas horas que cada uma se sente esquisita, nem sempre aceita e, muitas vezes, estes sentimentos viram traumas, frustrações ou motivo de chacota de outras crianças.

A consciência, a percepção e a força das crianças com relação às injustiças do seu entorno são impactantes. Ouçamos Camila, 11 anos, de Cotia/SP, quando ela partilha dos seus *sentimentos*:

> *As coisas que me preocupam são a violência, as crianças que vivem nas ruas e não têm direito a casa e nem a escola. Isso me dá uma dor tão grande, que às vezes eu tenho vontade de comprar casas, criar escolas. Se todas as pessoas ajudarem, o mundo melhorará. O governo tem que fazer a sua parte e nós a nossa. E é assim que eu vou fazer para o mundo melhorar, dando o meu exemplo. Peço*

para você que irá ler o meu texto que pense sobre o que falei porque juntos criaremos um mundo melhor.

Após ouvir tantas falas, detenho-me na questão da linguagem, tentando ensaiar algumas reflexões a respeito das linguagens infantis. Toda linguagem tem elementos constitutivos de um sistema: um vocabulário, regras gramaticais e sintáticas.

A partir da concepção da complexidade proposta por Morin (2005), além de reconhecer a linguagem como autônoma e objetiva, é importante incluir o espírito humano que a produz, os sujeitos que são os emissores e as interações culturais e sociais em que a linguagem adquire existência e essência.

Levando essas reflexões ao âmbito da infância, observa-se que as linguagens infantis falam através dos seus espíritos autônomos, que adquirem vida na medida em que as crianças — as emissoras — as manifestam, lhes dão vida e significado, nos diversos contextos e culturas infantis. "Precisamos pensar circularmente que a sociedade faz a linguagem que a faz, que o homem faz a linguagem que o faz e fala a linguagem que o exprime" (Morin, 2005, p. 198).

Cada linguagem e, no presente livro, as linguagens infantis têm vida própria: nascem, evoluem, transformam-se, degradam-se e morrem. Assim como na poesia ou em outras artes do universo adulto, no universo infantil a vida das linguagens é muito intensa e a analogia tem plena liberdade para se desenvolver. Como a linguagem humana e a genética, as linguagens infantis não verbais têm suas "palavras", "frases", "pontuação", "sinônimos" etc.

Quando Morin (2005, p. 208) fala das linguagens naturais como sendo linguagens culturais podem-se incluir, aí, as linguagens infantis, comuns a todas as crianças de uma cultura. Assim, as brincadeiras de cada grupo, as produções artísticas, entre outras, constituem linguagens naturais que oferecem, como coloca Jakobson (apud Morin, 2005, p. 208), "suporte à invenção, à imaginação, à criação".

c) Infância pós-moderna — A infância de consumo

Há diferença entre os

atos de consumo que duram até se concretizar e as interações humanas em que cada encontro deixa um sedimento de vínculo humano. Embora os laços possam ser rompidos sempre deixam um sabor amargo e um sentimento de culpa (Bauman, 2007, p. 140).

Cada ser humano terá que lidar com este sabor amargo, no mais profundo do seu ser, pois as relações humanas não são descartáveis como os objetos. Nestes ambientes líquidos e imprevisíveis, precisamos de firmes laços de amizade, como afirma Bauman.

Grossberg (apud Bauman, 2007, p. 141) fala da "rejeição da infância": a infância como um problema na vida dos adultos. Sem considerar jovens adolescentes para quem, em muitos contextos, ter filhos cedo não é mais do que uma consequência natural de vida, um traço das suas culturas — já que acabam repetindo a história dos seus progenitores — coloco a seguinte questão: considerando que, hoje, a ciência tem todas as soluções para prevenir gravidezes indesejadas, até que ponto o adulto que escolhe trazer filhos ao mundo é consciente do que isto significa?

As crianças falam sobre *diversidade, respeito, aceitação das diferenças, amor.*

> *Meu maior tesouro é meu irmão Mateus,*
> *que é um presente de Deus,*
> *ele é autista mas acho ele um artista!*
> *porque me entende bem, é amigo muito*
> *bom, me acostumei com ele e é demais!*
> *Assim ele é meu irmão do coração!*
> *E não desisto dele não! Pois é um presentão!*
> *Esse é meu irmão!*
>
> (Sílvio, 9 anos, Governador Valadares/MG)

O destino das crianças é "representar mais plenamente a humanidade" (Lyotard apud Bauman, 2007, p. 143). Todos os esforços da sociedade estão, hoje, voltados a dirigir o processo de amadurecimento para longe das qualidades humanas, "muito humanas", da infância. É essencial que este período da vida seja olhado, cuidado e preservado, ouvido e respeitado para não transformarmos as futuras gerações em máquinas ou em seres "escorregadios" que facilmente se dissolvem nas suas ações e relações.

A ordem social ocupa-se, sobretudo, em "cortar o número de possibilidades permitidas e reprimir todo o resto", lembra Bauman (2007, p. 144): o início da idade moderna da infância é um estágio único da vida humana em que a sociedade louvava as crianças pelo seu espírito de cordialidade e brincadeira livre. A infância pura precisava ser "purificada de seus ingredientes naturais" (idem, ibidem, p. 144). Na história moderna a sociedade moldou seus membros para o trabalho e para o serviço militar. Assim, tínhamos, por um lado, a obediência, o conformismo e a resistência, em oposição a "vícios" como a fantasia, a paixão e o espírito de rebeldia: o espírito tinha que ser silenciado. Hoje não temos mais sociedade de produtores: vivemos em uma sociedade de consumidores cujo habitat natural é o mercado. Nas crianças, consumidoras em potencial, incentiva-se o cultivo do fascínio e impulso compulsivo por mercadorias, por meio de estratégias para conquistar este mercado infantil, o que é extremamente preocupante. Através do marketing, gera-se nas crianças um estado de permanente insatisfação, incentivando o desejo do novo e redefinindo o anteriormente consumido como lixo inútil.

A ideia de "refundar a sacralidade da infância" (Bauman, 2007, p. 148) deveria ser o nosso propósito para resgatar a humanidade nas novas gerações, não a partir de noções românticas ou ingênuas, mas a partir da ideia de seres conscientes e capazes de escolha.

O meu maior sonho é ter um celular
por que eu já até fiquei doente.

Quando eu crescer vou querer ser uma pessoa honesta, esperta,
estudiosa e legal, a profissão ainda não sei, porque eu quero várias

coisas e só tenho direito a uma. Uma das profissões é ser médica para curar as doenças que o mundo traz; professora e educar as crianças... também tem a profissão de operadora de caixa de supermercado. Qualquer coisa que eu escolher vai ser bem pensado, mas vou viver a minha infância até acabar.

(Talita, 10 anos, Gonçalves/MG)

Outro tema abordado na obra citada de Bauman (2007, p. 149) é o da "commoditização da infância", que diz respeito ao papel do mercado no sentido de "criar, educar e moldar as crianças". Hoje em dia, os pais acreditam que seus filhos são selecionadores conscientes e os consultam a cada compra voltada para estes últimos, direito assumido pelas crianças nesta era pós-moderna.

É intrigante que "o período mais indefeso e dependente da vida — a infância" — seja associado ao "estado mais robusto da alma, ao estado mais puro da consciência moral, ao estágio mais natural e criativo da vida humana". (Kiku Adatto apud Bauman, 2007, p. 149): "a alma da criança está sitiada". A infância transforma-se em uma "preparação para a venda do ser" na medida em que as crianças são treinadas para ver todos os relacionamentos em termos de mercado e, sob este prisma, encarar os seres humanos!

A "espiritualidade que pode ser um dom de nascença da criança" (Bauman, 2007, p. 151) corre o risco de ser confiscada pelos mercados de consumo.

Todas estas colocações e reflexões são extremamente pertinentes para a situação que o ser humano vive hoje e que começa na mais tenra infância, já desde quando os pais planejam o contexto no qual seus filhos serão inseridos, educados, socializados. Reafirmam-se, com argumentos contundentes, a necessidade e a urgência de trabalharmos para resgatar a essência das crianças, ouvindo-as nas suas inquietações, necessidades, interesses. Para que estes elementos venham à tona, são fundamentais mais pesquisas que apontem caminhos de observações e interpretações das expressões verbais e não verbais espontâneas das crianças, e propostas para trabalhar a partir deste eixo essencial que diz respeito a uma preservação da humanidade do ser humano. Enfim, aprofundar-se nos estudos de uma antropologia das crianças, dar voz a elas, para compreender o que dizem, vivem, pensam e sentem; fincar esforços para que, mesmo no meio deste turbilhão líquido-consumista em que somos levados em massa a "ter para ser", seja possível o ser humano reencontrar seu gesto, sua expressão própria, sua profundidade.

Será possível, estando no coletivo, no círculo, reencontrar nosso centro, restabelecer os vínculos profundos, levando mais humanidade para o cotidiano e para as relações?

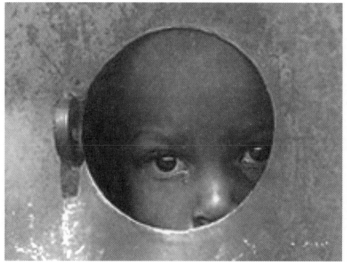

D. P.

Qual é o olhar que olha pelo olho da criança,
que se coloca por trás e por baixo?
Qual é o ouvido que a escuta
Com sensibilidade?
Olhares e ouvires:
os da História,
os da Cultura,
os da Psicologia,
os da Educação,
os da Arte,
os da Mitologia,
os de cada ser humano.

(Friedmann)

CAPÍTULO IV

IMAGENS:
Expressões plásticas

La peinture est une poésie qui se voit.[1]

(Leonardo da Vinci)

a) As cores da paz pelas crianças do Brasil

Fiquei muito sensibilizada quando conheci um projeto criado no Japão, "Kids Guernica",[2] que incentivava grupos infantis de vários países na elaboração de painéis coletivos, os quais, inspirados na obra *Guernica* de Pablo Picasso (um retrato da Guerra Civil espanhola), pudessem expressar, como contraponto, a cultura de paz.

---

1. "A pintura é uma poesia que se vê."
2. Disponível em: <http://kids-guernica.blogspot.com>. Acesso em: 13 jun. 2013.

Guernica, de Pablo Picasso, 1937.

Guernica é um painel que foi pintado por Pablo Picasso em 1937, por ocasião da Exposição Internacional de Paris. Medindo 350 por 782 cm, esta tela pintada a óleo é, normalmente, tratada como representativa do bombardeio sofrido pela cidade espanhola de Guernica em abril de 1937 por aviões alemães, apoiando o ditador Francisco Franco. A pintura foi feita em preto e branco — algo que demonstrava o sentimento de repúdio do artista ao bombardeio da cidadezinha espanhola. Claramente em estilo cubista, Picasso retratou pessoas, animais e edifícios após intenso bombardeio da força aérea alemã, já sob o controle de Hitler, aliado de Francisco Franco.

> Apenas a liberdade da compreensão intercultural pode trazer a paz. Diante disso, resta saber como definir nosso ser-no-mundo, como articular identidades individuais e identidades coletivas.
>
> (Assis de Carvalho, 2007, p. 35)

A emoção que este trabalho despertou em mim, me motivou e me mobilizou para organizar um processo similar junto a várias instituições no Brasil, seus educadores e suas crianças e jovens para dar-lhes voz. Por intermédio da Aliança pela Infância[3], desenvolvi, no ano de 2005, um projeto chamado *As cores da paz pelas crianças do Brasil*, cujo principal objetivo era poder dar um espaço de voz a crianças de diversas instituições (e suas diversas culturas), possibilidade de representar, pictoricamente, sua compreensão da ideia de não violência e cultura de paz.

De início foi realizado um *workshop* com educadores representantes de quarenta instituições, propondo que eles pudessem refletir por meio de vivências — brincadeiras, expressão corporal e expressões plásticas — a respeito destas ideias. Os participantes eram profissionais de escolas, creches, favelas, instituições que cuidavam de crianças cegas, centros que orientavam jovens, algumas unidades do Sesc e hospitais.

Na sequência, os educadores voltaram para seus locais de trabalho e, a partir de orientação anterior, desenvolveram junto às suas crianças um processo de sensibilização, utilizando-se das diversas linguagens expressivas para suscitar expressões individuais e coletivas.

Sem dúvida, o mais interessante foi o processo vivido por cada grupo de crianças e o desafio lançado aos educadores. O produto final consistiu em grandes painéis da mesma dimensão do *Guernica* de Picasso, retratando a ideia de paz daquelas crianças. Estes painéis foram expostos nas instituições e fora delas, nas comunidades. Alguns em uma estação de metrô de São Paulo, com o intuito de dialogarem com o cidadão comum: ou seja, diversos grupos infantis expressando e sensibilizando outros indivíduos a respeito da não violência e cultura de paz.

É esta "multiculturalidade" a que faço referência — diversas expressões de sentimentos, narrativas coletivas e individuais mesclando-se e resultando em uma expressão coletiva de culturas diversas.

---

3. A Aliança pela Infância é uma rede internacional preocupada em levar consciência e mobilizar pessoas com relação aos problemas que afligem as crianças e suas infâncias. Consulte: <www.aliancapelainfancia.org.br>

Painel realizado por crianças e jovens da favela Monte Azul no Projeto "As cores da paz pelas crianças do Brasil", São Paulo, 2005.

O painel anterior foi realizado por crianças e jovens moradores de uma favela de São Paulo, em conjunto com voluntários que nela trabalhavam, procedentes do Japão, Alemanha e outros países europeus. Esta é uma favela que conduz, desde os anos 1970, todo um processo de prevenção da violência, oferecendo aos seus moradores desde creches para as crianças, oficinas profissionalizantes para os jovens, até orientação para terem acesso ao ensino superior. Na favela há um ambulatório pautado pela medicina antroposófica, uma biblioteca e uma maternidade que incentiva o parto natural e orienta para o aleitamento materno.

b) Leituras de imagens

> Ver no broto a folha, a flor e o fruto
> é ver com os olhos da imaginação.
>
> (Bachelard, 1990, p. 14)

VER

Na sua etimologia significa perceber, ver com os olhos do espírito, enxergar; distinguir ou alcançar com a vista; examinar com atenção; analisar; conferir.

Entremos na imagem: estamos dentro de uma paisagem que retrata o espaço no qual estas crianças e jovens moram e trabalham. Se não soubéssemos que se trata de uma favela, poderíamos pensar tratar-se de uma comunidade ou cidadezinha do interior, onde há um rio que a atravessa e vários animais convivendo com crianças saudáveis e um belíssimo entorno natural. Estamos adentrando, na verdade, a imaginação ou o sonho destes pintores, seus universos interiores. Do lado esquerdo do painel, que simboliza o lado do coração, surge uma grande mãe negra cujas raízes brotam da terra e que domina toda a paisagem, uma figura que nos remete à cultura afrodescendente, maior que as árvores, maior que as montanhas. A grande mãe é um arquétipo presente no inconsciente coletivo da humanidade. Os arquétipos são padrões de comportamentos que se repetem ao longo do tempo e do espaço nos seres humanos. Nesta imagem, o arquétipo representa a mãe ligada à terra, como a grande provedora.

Esta imagem pode tanto se confundir com um ser humano de carne e osso como com a representação da comunidade, como aquela que provê, que alimenta, cuida, ampara. A mulher desta imagem está grávida, gestando um novo ser no seu ventre, criando nele uma nova vida, símbolo de renovação, de recriação de um fruto. Há uma mensagem de esperança, reforçada, ainda, pelo clima evocado pela imagem: parece um amanhecer, um céu límpido com um sol quente, a imagem do calor, do aconchego, da segurança. Ainda, os pássaros que voam em várias direções evocam a liberdade, a possibilidade de alçar voos.

Vejamos alguns detalhes no decorrer do processo da elaboração deste painel para podermos entrar nos detalhes na imagem, assim como fizeram as crianças.

© Copipaz (2005).

A imagem do cachorro sendo pintado — a representação dos instintos animais misturando-se com a natureza, a espontaneidade e os instintos infantis.

LINGUAGENS E CULTURAS INFANTIS

© Copipaz (2005).

E aqui vemos o detalhe na parte inferior esquerda do painel: um entrelaçamento de círculos nos quais, dentro de cada um, está uma criança inserida, segurando-os; são imagens de *mandalas*, de que falamos no início desta obra, revelando sutilmente a circularidade, a conexão universal. Esta sequência de entrelaçamentos mistura-se à terra, à natureza, às flores.

Continuando, à direita, observa-se, em detalhe, o cachorro em diálogo com uma criança que se abaixa à altura deste, provavelmente lhe oferecendo alimento: a criança alimenta seu próprio instinto ao mesmo tempo que dialoga com ele.

Acima dos círculos, uma menina e um menino mais novo parecem estar de mãos dadas, brincando, absolutamente inseridos na natureza, próximos à grande mãe e protegidos, abraçados pela paisagem, pela montanha, acalentados pela terra que os acolhe.

Uma lagoa limpa, onde há vida, patos, peixes, sapos, plantas, água clara: as águas do inconsciente, na qual outras vozes dizem de nós, atravessam a paisagem.

No centro da tela, um balão de ar que se eleva, levado pelos ventos, talvez impulsionado por uma chama interna, provavelmente em busca de outras paisagens... Assim fora como dentro, na paisagem representada por estas crianças: em permanente busca, movidas pelo fogo dos instintos, flutuando e fluindo conforme os ventos da vida.

© Copipaz (2005).

As imagens, a imaginação, os sonhos misturam-se, no chão da favela, à vida real, assim como as linhas do vestido da grande mãe misturam-se, confundem-se com a terra, assim como a estrada no lado inferior direito do painel não acaba, misturando-se com o chão de concreto real. O que é sonho e o que é realidade? As linhas que os dividem são tão sutis...

Processos de mergulho, atenção profunda de cada um no seu traço, no seu gesto, no seu jeito de dizer dos seus sentimentos, da sua vida.

LINGUAGENS E CULTURAS INFANTIS 121

Resultados de tantas vozes em diálogo num espaço comum, sentimentos diversos, escolhas individuais para dizer cada um de si e, ao mesmo tempo, deste grupo específico.

Não importa se a criança é carente de afeto ou de recursos materiais: a voz de cada uma delas é expressiva do seu momento, das suas emoções, dos seus sentimentos. As cores e as formas falam por todas e cada uma, independentemente do seu contexto socioeconômico, as crianças são crianças e trabalham juntas para expressá-lo.

A cada imagem com a qual nos deparamos, temos a possibilidade de entrar em contato com um texto, com uma narrativa a ser lida, com um mistério a ser desvendado. O texto da cultura tem um alto grau de complexidade.

Painel realizado por alunos de escola de São Paulo — As cores da paz (2005).

A realidade retratada na parte superior do painel anterior contrasta com as imagens-sonhos descritas logo a seguir: poluição, guerra, contrastes socioeconômicos em oposição à possibilidade de todos terem moradia, atitudes de amor, amizade, solidariedade, diálogo entre os diferentes, retratado em várias imagens. Há uma imagem sombria na parte de cima, onde predominam cores escuras e uma sequência de acontecimentos retratada de forma linear. No restante do painel predominam cores claras e imagens que simbolizam clareza, esperança, natureza, luz e calor.

Mas sabemos, como nos ensina Jung, que o ser humano tem todos estes aspectos de luz e sombra dentro de si, e que não existe esta unilateralidade interior. Se aspectos sombrios estão tão expostos no cotidiano das nossas sociedades, há uma canalização que se mistura com o grande e crescente número de iniciativas para lidar com elas.

> Desafio de nosso tempo, a nova desordem mundial... Exige a superação da guerra perpétua de todos contra todos, incita a extinção dos desmandos e intolerâncias da idade de ferro planetária, requer a luta indômita em prol de uma identidade futura baseada na sinergia entre plantas, animais e homens. Teremos que nos posicionar para além da natureza e da cultura (Descola, 2005), sem deixar de interrogar e entender suas especificidades, para, sem voluntarismos proféticos, efetivar a colaboração das culturas, trilhar o caminho de coletividades complementares e multidimensionais, transmitir o patrimônio biocultural àqueles que virão depois de nós.
>
> (Carvalho, 2007, p. 37)

c) Imagens, imaginário e imaginação

> O corpo, o gesto do outro impregnando meus sentidos através da minha percepção, meu olhar, meu ouvir, meu perceber, meu sentir orgânicos, apreendendo e ressignificando a imagem que me vem de fora.
>
> (Friedmann)

IMAGEM

Do latim imago — semelhança, representação, retrato.
Representação da forma ou do aspecto do ser ou objeto por meios artísticos.
Representação de uma percepção ou sensação anteriormente representada.

Inúmeros autores trabalharam sobre os conceitos de imagem, imaginário e imaginação. Há autores que falam da imagem como narrativa, como ausência, como enigma, testemunho, compreensão, pesadelo, reflexo, violência, subversão, filosofia, memória, teatro (Manguel, 2001). Fayga Ostrower (1995) fala em criatividade, percepção. Bystrina (1995) e Warburg (1999) referem-se às imagens do lugar da semiótica da cultura. Hillman (1977) e López Pedraza (1977) analisam as imagens do lugar da psicologia. Inúmeros filósofos e artistas têm definido e teorizado a respeito do tema.

IMAGINÁRIO

[...] é a forma de uma poética do ser, uma forma de imaginação maravilhada, campo da gratuidade pura, uma das formas de finalidade sem fim na existência.
(Loureiro, 2000, p. 318)

A partir do momento em que refletimos, percebemos as imagens que vêm ao nosso encontro, elas se transformam, adquirem outras dimensões tingidas pela cultura do observador, pela sua história, pela cultura na qual elas próprias estão inseridas. A natureza da imagem fora transforma-se conforme a natureza daquele que olha. O que cada um vê e lê são inferências diversas a partir de referenciais naturais e culturais individuais, assim como do instante, do momento presente.

Nas expressões coletivas acontecem danças individuais, entrando e adaptando-se ao todo e ressignificando-o, assim, por meio das expressões individuais contagiadas e permeadas pelo movimento da cultura coletiva.

A palavra que cada um escreve, o desenho que cada um representa, as cores que escolhe, a forma que dá a uma escultura, o tom, o ritmo que coloca na sua expressão musical particular, o texto da brincadeira de cada um, a maior ou menor leveza e expressividade de cada corpo são exteriorizações de imagens individuais interiores. Mas ensina-nos Nise da Silveira (1992, p. 82), "a imagem não é simples cópia psíquica de objetos externos [...]". É a "[...] expressão da situação do consciente e do inconsciente, constelados por experiências vividas pelo indivíduo".

Toda ação do ser humano no mundo é uma imagem, espelho, expressão de quem ele é. Goethe (2005) propõe uma epistemologia das ciências biológicas e humanas, apresentando outro modo de ver que exprime e reconhece as forças e estados internos do sujeito e do outro com quem se relaciona.

A vida das imagens acontece no presente, é efêmera, transforma-se e dilui-se da sua essência primeva assim que as expressamos através de algum meio (o corpo, o gesto, a brincadeira, a arte, a linguagem, a música, o teatro, objetos). Essas imagens congelam-se em um meio para quem as colocou neles, mas podem tomar vida a cada vez que um outro — um espectador — entra em contato com elas: tornam-se significativas dentro de quem as olha, de quem as percebe e vê nelas um sentido que não tem, necessariamente, a mesma intenção daquele que as criou, que foi seu autor, originalmente.

Assim, é impossível desvincular a energia da imagem do autor e a de quem a lê, a percebe. O quanto a imagem percebida afeta quem a percebe, transforma o vínculo, a relação com o outro, com a imagem e consigo próprio, criando uma dialética dançante ininterrupta?

A arte fala em conjunto, respeitando as expressões individuais.

A intenção da exposição era possibilitar o diálogo das crianças com os espectadores, cidadãos comuns, para que pudessem se deter por alguns momentos e ficar em contato com as expressões infantis, suas percepções e emoções pessoais.

Cada criança expressa-se de forma individual e, ao mesmo tempo, integra um coletivo.

> As imagens da infância, imagens que uma criança pôde fazer,
> imagens que um poeta nos diz que uma criança fez,
> são para nós manifestações da infância permanente.
> São imagens da solidão.
> Falam da continuidade dos devaneios da grande infância
> e dos devaneios de poeta.
>
> (Bachelard, 1988, p. 95)

Muitas das imagens que as crianças pintam e desenham são imagens arquetípicas, imagens universais presentes desde os tempos mais remotos. Por exemplo: a *grande mãe*, o *puer* (a criança), o *senex* (o velho sábio), a *mandala*, entre outros. O arquétipo é uma forma típica de pensar e agir do homem, a possibilidade inata de representação que, como tal, preside a atividade imaginativa e precede qualquer contexto cultural.

A psique emerge não nas mensagens diretas contidas em significados interpretativos, mas dispersa e oculta no labirinto da imagem.

Quanto mais perdidos estamos diante de uma imagem, mais este fato aumenta seu valor, tornando-a mais profunda e envolvente.

Não existe um trabalho puro, científico, objetivo com imagens: somos sempre nós mesmos na imagem e por isso, inconscientes. Nosso movimento parte da imagem e a ela retorna.

> *O pincel dança falando pelas cores, através da expressão do gesto da mão, do prolongamento do braço que é a música do coração saindo pelo corpo de cada artista. As formas e as cores entrelaçam-se, dialogam, conversam sem falar, pelas linguagens da arte.*

Nos espaços externos as imagens falam também pela voz das crianças e jovens.

Muro externo de Centro comunitário — São Paulo (2005).

A imagem anterior que fala de não violência e cultura de paz "chora lágrimas de tinta", mostra uma caminhada unindo a criança à mulher, o *puer* ao feminino, olhares assustados, tristes; ambos estão mutilados e precisam apoiar-se, a mãe em uma bengala, a criança na mãe. A imagem da violência, física ou psíquica, que mutila, assusta. Imagem que é um pedido de socorro. A mãe e a criança estão inseridas em um mundo "cor-de-rosa" rodeado por labirintos verdes que parecem sem saída. Andam? Correm? Fogem? Para onde?

Permaneço na imagem em silêncio para ficar em contato com os diferentes sentimentos que ela evoca em mim e que a acompanham.

Na experiência de Hillman (1977), à medida que se trabalha com os sonhos — e nós podemos ampliar esta experiência para outras imagens do nosso cotidiano — uma analogia após outra mostra aspectos da vida do sonhador: sua alma interior, seus problemas, como age, como tem seus *insights*. Essas analogias podem tecer-se a partir das implicações do sonho e se tornam precisas a partir da intrarrelação de toda a imagem.

As imagens — nos sonhos, na arte, na imaginação do cotidiano — aparecem em função dos problemas pessoais que começam a vir à tona com o *trabalho de desfiar a trama da imagem* e trazer novas implicações, suposições e analogias.

A imagem tem uma riqueza subliminar; uma profundidade invisível; uma natureza incomensurável.

A imagem é uma fonte inesgotável de *insights*.

Quanto mais profundamente mergulhamos na imagem, sua essência torna-se evidente ou misteriosa.

Há uma conexão invisível em cada imagem
que é a sua alma.
Imagens são almas.

(Hillman, 1977)

Como encontrar a alma na imagem e como compreendê-la?

Podemos falar com a imagem e deixá-la falar; observar seu comportamento; observar sua ecologia: como se interconecta aos setores das nossas vidas por meio de analogias.

Imagem poderia também ser chamada de amor, pois não podemos ir ao encontro do coração da imagem sem amá-la.

> *Meu tesouro tem olhos e é composto por sete seres...*
> *[...] minha linda, maravilhosa e adorável família.*
> *Todos os veem, mas meu coração é que sente.*
>
> (Thaiz, 12 anos, 2007)

A família, representada literalmente por Thaiz com cada membro que a integra, espelha estes personagens atuando dentro da psique da menina. A menina consegue até expressar, na sua fala verbal, que quem sente é o coração e que nem sempre os olhos que veem de fora conseguem captar as emoções existentes por trás e dentro deste grupo.

Assim, podem-se distinguir interior e exterior, ou subjetividade e objetividade, ou pessoal e arquetípico e heurístico: quando trabalhamos a imagem por meio de analogias metafóricas, aparecem e ramificam-se conexões ocultas em todos os níveis e lugares.

Nos desenhos expressivos todos os elementos movimentam-se e dialogam entre si.

Conhecer diferentes idiomas e fazer jogos de palavras ajuda a ouvir além da imagem. Ao sugerir para deixarmos a imagem falar por si, Hillman (1977) diz que as palavras e a sintaxe são minas de alma. Para tal, é importante ter o olho adaptado à escuridão. A pergunta é: "como treinar o olho para ler a imagem e o ouvido para ouvi-la?".

Todas as imagens podem adquirir este sentido arquetípico.

Arquetípico significa também mítico, universal, religioso, instintivo, filosófico, literário, necessário, profundo. O arquetípico chama a atenção para o valor. Esse termo é importante para sentir a transcendência da imagem.

Falamos em redução de uma imagem quando a materializamos; falamos em analogia quando a extensão da imagem vai revelando diferentes conexões. A pergunta a ser feita é: a imagem é como o quê, se parece com o quê? Interpretar é ação diferente da de fazer analogias: interpretar transforma a imagem em um significado; as analogias são múltiplas, mantêm a imagem viva, renovando-se em seus sentidos.

O olhar sensível do fotógrafo pode nos inspirar.

> *L'apparei photographique est pour moi [...] l'instrument de l'intuition et de la spontaneité, le maître de l'instant qui, em termes visuels, questionne et decide à la fois. Pour signifier le monde Il faut se sentir impliqué dans ce que l'on découpe à travers le viseur. Cette atitude exige de la concentration, de la sensibilité, [...]. Photographier [...] c'est mettre sur la même ligne de mire la tête, l'oeil et le coeur. C'est une façon de vivre.*[4]
>
> (Cartier Bresson, 1996)[5]

---

4. "A câmera de fotos é para mim [...] o instrumento da intuição e da espontaneidade, o mestre do instante que, em termos visuais, questiona e decide ao mesmo tempo. Para dar significado ao mundo é preciso sentir-se comprometido naquilo que recortamos através do visor. Esta atitude exige concentração, sensibilidade, [...]. Fotografar [...] é colocar sob a mesma linha de visão a cabeça, o olho e o coração. É uma forma de viver" (tradução livre).

5. CARTIER-BRESSON, H. *L'imaginaire d'après nature*. Paris: Fata Morgana, 1996.

Os olhares sensíveis das crianças...

A. F.

Somos a imagem que expressamos?
Estamos na imagem que criamos?
Fazemos imagens enquanto vivemos?
Sentimos as imagens que falam por nós?
Pensamos a imagem que construímos?

CAPÍTULO V

Expressões:
Vozes de solidão

SOLEDADES

La soledad no es una gayola
es tan sólo un cultivo
una emancipación
un duro aprendizaje

la soledad no es una clausura
es un espacio libre
un césped sin historia
un crepúsculo púrpura

la soledad no es un calabozo
es una absolución
una soberanía
un ramo de preguntas

tampoco es cofre de seguridad
es una vacación
un regocijo afluente
un llanto tributario

después de todo es verosímil
la soledad es un amparo
casi un ritual consigo mismo
para entregar la devoción
al amor de otras soledades.

(Mario Benedetti)[1]

---

1. BENEDETTI, Mário. *Soledad en el mundo que respiro*. Buenos Aires: Ed. Planeta/Seix Barral, 2001. p. 121.

Em 2009 recebi um convite que me emocionou profundamente: falar sobre a solidão das crianças.

Como falar de uma emoção tão profunda sem mergulhar na minha própria solidão infantil? Assim, iniciei esta saga interior de reconexão que foi o canal que me permitiu vincular-me com várias crianças, observá-las, escutá-las e dar espaço às suas vozes, expressões, às suas solidões.[2]

A palavra solidão tem vários significados: carência de companhia; lugar deserto ou terra não habitada; pesar e melancolia que alguém sente pela ausência, morte ou perda de uma pessoa ou coisa. A palavra chinesa que significa *só é você*, indica, por um lado, debilidade, mas por outro, reconhece o direito de o *homem-tao* agir de forma independente, *estar só porque sabe o que faz*.

Nossa cultura condena a solidão e tem uma imagem negativa dela. Vamos olhar para a solidão de um outro ponto de vista, de um lugar em que a solidão, e especificamente aqui, a solidão das crianças, pode ser uma vivência muito importante, de crescimento, mergulho e contato com suas sensações, emoções e imaginação. O espaço da solidão é um espaço e um tempo necessários para o crescimento, para a pesquisa, para a descoberta, para o autodesenvolvimento.

> [...] *habitamos melhor o mundo quando o habitamos*
> *como a criança solitária habita as imagens.*
> *Nos devaneios da criança a imagem prevalece acima de tudo.*
> *As experiências só vêm depois.*
>
> (Bachelard, 1988, p. 97)

---

2. As falas que acompanham as imagens deste capítulo são falas da minha criança interior que se colocou no lugar destas outras crianças retratadas em fotografias, que emprestaram seus gestos, seus olhares e suas emoções para me inspirar e me conectar com elas. As falas serão citadas com minhas iniciais, A. F.

Chegamos ao mundo sós e esta situação acompanha-nos até a morte. O bebê, quando sozinho, desde que sem fome e sem outras necessidades orgânicas, vivencia experiências de profunda repercussão para seu crescimento. Em contato com seu próprio corpo, com suas próprias sensações, tem a possibilidade de se descobrir e descobrir o mundo à sua volta, através das suas sensações e percepções.

> Tenho muitos amigos, embora meus pais me achem solitário. São meus amigos invisíveis. Alguns moram na minha casa, outros por perto. Sentam comigo para brincar junto, saem comigo nos passeios. Comemos juntos muitas vezes... Converso com eles quando me dá vontade. E meus pais, com cara de 'ponto de interrogação', me chamam de louco. Querem me fazer crer que não há ninguém. É que eles não enxergam nem escutam. Deve ser chato ser adulto e só ficar se preocupando e chamando a atenção, e dando bronca... Ensinando coisas que a gente aprende só de olhar. Porque a gente vê, imita e depois eles falam que é de outro jeito que é o certo. Os adultos sempre querem que a gente entre no ritmo deles, nos horários deles, nas vontades deles. Parecem ter esquecido que o nosso ritmo é nosso. Que criança tem um tempo que se mede pelo corpo, pelas sensações, pelas emoções. (A. F.)

Só temos acesso ao mundo destas solidões infantis que estão tão preenchidas por amigos invisíveis para nós, quando a criança, aparentemente, conversa sozinha ou partilha conosco dos relatos com relação a estes amigos participantes da sua existência. É interessantíssimo conhecer estes personagens que povoam o consciente e o inconsciente das crianças e podem acompanhá-las por muitos anos. Muitas vezes, os vínculos de intimidade e confiança que as crianças não estabelecem com seus interlocutores (pais, amigos, professores) acontecem com estes personagens. E as crianças dialogam literalmente com eles, os veem, os convidam para brincar junto, para comer, passear, tomar banho, viajar. Este real-imaginário sintetiza-se na pergunta de Lili, 8 anos: *Isto é sonho ou é realidade?*, pergunta que a maior parte dos seres humanos se formula em algum momento das suas vidas. Mas, na vida das crianças, sonho e realidade, imaginação, fantasia, faz de conta confundem-se de forma permanente.

Quantas mensagens atravessam estas amizades, estas solidões? Quanto temos a aprender com as falas e com este universo do imaginário infantil! Quantas aprendizagens esquecidas temos a oportunidade de resgatar por meio da atenção, do contato, da escuta e observação das sensações e percepções que as crianças expressam das mais diversas formas!

Sensações

Um dos mais importantes conceitos de Jung (2009) diz respeito aos tipos psicológicos. Ele define tipo como "um modelo característico de uma atitude geral que se manifesta em muitas formas individuais" (idem, ibidem, p. 450). Distingue dois tipos genéricos — introvertido e extrovertido — tipos gerais de atitude que dizem do comportamento do indivíduo em relação ao objeto. Das possíveis atitudes, Jung distingue quatro, que chamou de tipos funcionais — pensamento, sentimento, sensação e intuição. As funções pensamento e sentimento são racionais e as funções intuição e sensação, irracionais. Estes quatro tipos podem pertencer à classe introvertida ou à classe extrovertida, dependendo da atitude predominante.

Jung acreditava que, independentemente das condições e influências externas (da família e do contexto), as crianças apresentam funções típicas bem definidas desde o seu nascimento.

Até este ponto do presente trabalho tratei, basicamente, de sentimentos, emoções, pensamentos e intuições. Neste capítulo debruço-me, especificamente, sobre as sensações, que Jung chamava também de percepções.

O conhecimento sensível ou experiência sensível tem, como principais manifestações, as sensações.

Goethe afirmava que a percepção (ou sensação) do outro depende da leitura dos seus fenômenos expressivos, dos quais o olhar é o mais prenhe de significações.

A sensação dá-nos as finalidades externas dos objetos e os efeitos internos sobre nós. Através da sensação vemos cores e formas, tocamos diversas texturas, sentimos temperaturas, ouvimos sons, cheiramos, saboreamos. A sensação é uma reação corporal imediata a um estímulo externo. As sensações no corpo são o grande veículo para percebemos: nós mesmos; os outros (seu estado, seus sentimentos, suas sensações); lugares e climas.

As sensações, também formas de comunicação que estabelecemos com os outros e com os objetos à nossa volta, constituem condutas vitais, formas de comunicação corporal, interpretações das coisas.

Estou sentado na beira do rio, na areia,
com minha pá e meu balde, criando meu mundo.
Construindo com areia relato para mim mesmo.
Nem percebo que estou sentado na beira do rio, na areia.
Mas relato para mim mesmo, construindo, desconstruindo.
Recriando meu mundo com minha pá e meu balde.
Falando para ninguém me ouvir. (A. F.)

O mergulho da criança é tão profundo nestes momentos de pesquisa e descoberta do mundo que, ao observador atento e sensível, apresenta-se um convite para conhecer o que significa estar pleno, inteiro e organicamente presente, como na cena anterior. Observando os gestos, as expressões, as palavras, se as houver, teremos, quiçá, alguns indícios que apontem para a possibilidade de dar uma espiada no mundo interior desta criança. Pequenas brechas que se abrem, sem consciência por parte da criança, para adentrar seus mundos imaginários.

Minha filhinha está dormindo.
Vamos construir nossa casinha com cuidado
para que ela não se molhe com a chuva.
Vamos arrumar comidinha
para que ela não sinta fome.
Vamos agora
porque amanhã
teremos que recomeçar. (A. F.)

O faz de conta é um dos veículos em que as solidões são partilhadas, a forma única de cada criança compreender e interpretar o mundo, imitando-o conforme sua realidade, seus sonhos, seus medos ou sua imaginação. Mas brincar de casinha ou de mamãe-filhinha varia conforme as percepções interiores, conforme a natureza de cada brincante e conforme a cultura ou culturas nas quais as crianças estão inseridas.

Recomeçar, diariamente e a cada brincadeira de faz de conta, é uma característica que tem relação, também, com o momento e as emoções de cada criança, com suas vivências. Embora muitas situações ou falas se repitam nestes brincares, tantas outras vão se transformando. A casinha que as crianças constroem e que, em breve, será desconstruída (ou destruída), será reconstruída na próxima brincadeira com outras características, com outras percepções do mundo — porque neste universo comum e único de cada criança, tudo muda o tempo todo.

Em cada sociedade, em cada cultura, os acontecimentos, as pessoas e as coisas podem ser percebidas de modos diversos.

Com aquela casinha de bonecas
criou o seu mundo.
A casa, os cômodos, sala, cozinha e banheiro.
E ali suas bonecas circulavam,
trocavam-se, conversavam.
Ela as cuidava,
as compreendia.
Dava-lhes bronca.
Dava-lhes voz.
Ela inventava suas vidas
e ali mergulhava suas emoções
nas delas. (A. F.)

Os objetos e brinquedos que povoam a vida de cada criança transmitem significados, mensagens e valores bem diversos para cada uma. Embora cada brinquedo seja um objeto culturalmente produzido, cada criança irá ressignificá-lo e imprimir seus próprios valores, sentimentos e expressões lúdicas através dele. As crianças estabelecem uma íntima relação afetiva com cada um destes objetos que são meio antes do que fim, para expressar e compreender o mundo. As crianças tornam-se, pois, protagonistas dos seus diversos momentos históricos, fazendo parte das suas culturas e produzindo, ao mesmo tempo, culturas. Walter Benjamin (1984) inspira-nos na compreensão de que as crianças, através da sua imaginação, transformam os objetos e são arquitetas dos seus próprios projetos para se tornarem outras.

O brinquedo, como objeto de consumo, acaba por incorporar os conhecimentos sobre as crianças e suas representações que circulam na sociedade. Assim como Florestan Fernandes (1979) e Benjamin (1984), acredito que as crianças, ao brincarem, não pensam nas intenções dos adultos com aquele brinquedo, brincadeira ou jogo: elas *estão* no brincar e *são* o brincar.

"A Lei da repetição" (Benjamin, 1984, p. 74) é, para as crianças, o cerne do jogo: elas precisam, uma e outra vez, brincar, imitar, repetir, ouvir novamente, uma e inúmeras vezes. E cada momento é único.

As crianças nascem com um impulso lúdico (Schiller, 2002, p. 80): elas vão incorporando a linguagem do brincar à medida que descobrem a si mesmas e ao mundo à sua volta, através dos seus sentidos e percepções.

Ao mesmo tempo, elas estão inseridas em um universo no qual, conforme o contexto, desabrocham elementos que são incorporados por elas ao seu repertório linguístico-lúdico. As crianças têm sua linguagem lúdica própria, mas aprendem e ressignificam variações sobre o mesmo tema.

O brincar também é uma forma de comunicação corporal, uma percepção do mundo. No brincar pleno, nossos corpos, veículos das nossas almas, estão inteiros. Nas crianças, estes corpos são orgânicos: elas entregam-se à fantasia, aos desafios, ao momento. Nestas vivências, os sentidos básicos estão despertos: o toque, mostrando os limites da pele; o olfato, a visão e a audição, sentidos corporais que permitem penetrar no coração das coisas e nos dão o sentido social; o paladar, sentido corporal que permite perceber as substâncias de fora dos nossos corpos. Estes sentidos são os canais das nossas sensações de calor, frio, sons altos, baixos, gostos doces, amargos etc.

Os fisiologistas incluíram, nesta relação, os sentidos de: equilíbrio: sentido corporal que permite experimentar nosso corpo no espaço; movimento: sentido corporal, a percepção dos gestos dos músculos, membros etc.; identidade: sentido do eu; linguagem: sentido social, sentido da palavra que permite perceber os gestos, movimentos e padrões de quem fala; significado: sentido social, sentido de sentir o outro; vida: diz, a nós, como estamos nos sentindo; calor: sentido corporal, identifica as relações entre coisas quentes e frias ao nosso redor.

Temos, também, sensações de empatia, simpatia, antipatia, atração, repulsão, excitação. E ainda: sensação de estômago vazio ou buraco no estômago, frio na barriga, intestino solto, intestino preso, aperto no coração, cócegas, nó na garganta, pé no chão, cabeça no ar, e assim por diante.

Como isso tudo funciona nas crianças?

Até o aparecimento da linguagem, elas são pura sensação e emoção e é assim que conhecem o mundo. Na sequência, entram em um período de elaboração de imagens internas (fantasia, imaginação, representação simbólica) que vão se formando por meio do lúdico e também se expressando; e de percepções externas que se impregnam nos seus corpos: o que elas ouvem (no seu ambiente, na TV), veem, experimentam, fica incorporado com maior ou menor impacto no seu ser. Estas impressões irão adaptar-se às suas essências ou violentar, desrespeitar, ignorar, atropelar as mesmas.

O ser humano, já desde o seu nascimento, percebe o mundo através de imagens. As imagens internas — sonhos, lembranças, visualizações, imaginações — despertam sentimentos e emoções. As imagens externas — da arte, da mídia, dos acontecimentos diurnos — despertam sensações, sentimentos, *insights*, porque nos fazem evocar ou espelhar para fora, o que está dentro.

> *Bate a porta:*
> *ela não quer saber de ninguém.*
> *O gato quer entrar, só ele.*
> *Só ele pode servir-lhe de consolo neste momento.*
> *Ela o acaricia.*
> *Ele lambe-lhe as lágrimas.*
> *Só ele pode entendê-la*
> *Sem que precise dizer nada...* (A. F.)

As crianças conectam-se com os bichos a partir dos seus instintos, comunicam-se com eles de igual para igual, conversam, brindam-lhes com carinho, brincam com eles e também descarregam, muitas vezes, suas raivas, maltratando-os. Os bichos — desde formigas, cachorros, gatos, tartarugas, peixes, aves, cavalos ou cobras — fazem parte do universo da natureza e ensinam muito aos seres humanos a respeito dela e de seus vínculos; a respeito do cuidado, da comunicação, da confiança, do companheirismo, da maldade, da traição, dos limites. Muitas crianças depositam nos seus bichos de estimação suas emoções, seus medos, tristezas, raivas, alegrias, solidões. Observando estas relações, muito podemos aprender sobre os instintos, as emoções básicas, sobre a natureza, a vida e a morte.

Por volta dos sete anos entra em cena outra motivação muito forte que é o mundo exterior, dos conhecimentos à disposição e inúmeros estímulos positivos e negativos. As crianças passam por uma profunda transformação de um estado virginal para duas novas percepções: as máscaras que os indivíduos vestem e as sensações dos seus próprios corpos e as dos outros.

É um período em que as crianças precisam do mundo lúdico dos heróis e trabalhar sua autoestima a partir do desenvolvimento das suas habilidades e potenciais.

Que tesouro!
Ninguém imagina
nem tem noção
do que aquilo significa.
É a bolinha de gude
ou o saquinho de arroz.
É o elástico encardido
ou o chinelo furado.
É a boneca sujinha caindo aos pedaços.
É minha bola histórica, velha sábia.
Tesouros de infâncias passadas, presentes, futuras.
Ninguém imagina.
Porque cada um tem o seu.
E se ele some,
por segundos, minutos, dias ou para sempre,
a dor lancinante da perda
é sentida, vivida pela primeira vez, talvez.
Dor que voltará muitas outras vezes,
com outras perdas, com outros extravios,
com outros roubos ou violências.
Lágrimas,
Revolta,
Raiva.
Voltam e voltam e voltam.
E são também o bálsamo
para a ferida que nunca se fecha. (A. F.)

Cada brinquedo desejado, cada brinquedo pedido, cada brinquedo ganho é um tesouro, cada um é especial, incomparável para cada criança em cada momento da sua vida. O brinquedo é, também, um objeto intermediário, uma grande desculpa para as crianças chamarem a atenção dos seus pais e cuidadores, para pedirem atenção, afeto, socorro, para comunicarem, sem saber, inconscientemente, que o fazem. O brinquedo — ou o jogo para obtê-lo — pode também ser um cruel instrumento de chantagem. E ainda, um meio de conversar e de compreender o mundo ou as próprias emoções e sentimentos.

O brinquedo pode ter sido construído ou obtido com grande esforço e, muitas e muitas vezes, é desprezado pelos pais ou cuidadores, é considerado feio, um lixo. E, de repente, o brinquedo some... e a criança vivencia, talvez, uma das primeiras experiências de perda, de dor. Chora, grita, esperneia ou se recolhe, cala, engole o choro, fica com raiva ou parte para a agressividade. Exercícios iniciais das suas reações frente à perda, à impotência, à solidão ou à falta de compreensão do mundo: algumas das primeiras e mais primitivas experiências de perda e a experimentação de suas reações frente às mesmas, com que irá se deparar em inúmeras ocasiões no decorrer da sua vida.

Ganhei uma caixa de lápis de cor.
Guardo ela e fico semanas olhando pra ela,
sentindo o cheiro de madeira colorida.
E a folha está em branco.
Começo a contar minha história colorida com meu desenho
— desengonçado pra quem vê de fora.
Mas eu, que estou dentro, tenho muitas cores a contar,
Muitas formas pra dizer — de mim. (A. F.)

O que nos conta este menino? Ele está de braços abertos, apresentando seu mundo, sua casa, a única que ele consegue ver nestes seus poucos anos de vida, com algumas flores e uma árvore por perto. A casa vermelha, cor quente, nervosa, cor do fogo. Um veículo azul em movimento, provavelmente referindo-se ao ônibus escolar. Um semáforo — as regras e os limites. Do lado esquerdo da imagem há um espaço retangular que parece ser sua escola. O único elemento redondo, circular, é um gira-gira, elemento que evoca movimento, vertigem, risada, liberdade, lazer, expressão livre. Na imagem da escola há três aberturas, pequenas, porém respiros, possibilidades de entrar e sair.

Ele me bateu.
Que dor.
Que vergonha.
Que humilhação.
Eu o odeio.
Quero fugir.
Ele não tem direito.
Quero ir embora.
E por enquanto
mergulho embaixo
do meu cobertor.
Me protejo
da vida
do medo
da dor,
desse monstro.
Que um dia é anjo, amigo, pai.
E no outro, monstro, carrasco, traidor.
Alguém me ajude.
Quero ir embora.
Pego no sono.
Sonho
que amanhã tem jogo
e vamos juntos assistir
— meu pai e eu —
torcendo pró nosso time de coração.
Nos abraçando a cada gol.
Que alívio!
Que chegue logo
amanhã. (A. F.)

Sentimos medo quando somos desafiados, pressionados ou frente ao desconhecido. O que dá segurança a uma criança? O colo, o afeto, a atenção, o abraço, o toque, o olhar, o limite, a escuta dos seus cuidadores. Uma palavra, mesmo que ríspida, é melhor do que a agressão física, melhor do que a indiferença. Embora as palavras possam ser muito mais perigosas, agudas e violentas. São infindáveis as reações que as crianças podem ter frente a estas agressões, tantas quantas as agressões recebidas, independentemente do temperamento, ou do momento ou das aparentes razões para serem agredidas. Quem é o pai, quem a mãe, qual o entorno, quais as circunstâncias, como é a saúde física e psíquica de cada criança, em que cultura está inserida, quais os valores familiares? A lista não tem fim. E por isso, cada situação é tão delicada, tão sutil, tanto quanto o universo interior, os sentimentos e pensamentos de cada criança.

> Fico ali, deitada, com o olhar perdido, mas encontrado no lugar da minha imaginação. São minutos, talvez horas, mas para mim, uma eternidade; ou um segundo interrompido pela pressão do tempo dos adultos — tempo real? Qual é o tempo real senão o da minha fantasia, o da minha viagem brincante a outros mundos a que sou levada? Mundos cuja porta pode começar no buraquinho que fiz na terra com um galho, na água que vai e volta molhando meus pés, ou na tela do computador que me guia sem saber aonde. Me perco na viagem e, ao mesmo tempo, me reencontro em outro tempo — lugar — tempo da minha solidão. Muitas vezes em companhia de tantos outros que me habitam; alguns me são familiares; outros recém-chegados, recém- amigos. Lugar da minha liberdade, dos meus desejos, das minhas vontades. E dos meus medos. Que, às vezes, continuam nos meus sonhos. Que me paralisam e não consigo explicar por que. (A. F.)

Se evocarmos nossos momentos de solidão, de viajar na nossa imaginação, da necessidade que todos temos de um espaço próprio para assimilar situações, sensações, para criar nossos mundos ou, simplesmente, para ser, para sonhar, não será tão longo o caminho que nos leve a compreender por que crianças e jovens têm necessidade destes espaços de privacidade.

Por volta e a partir dos 13, 14 anos acontece uma profunda revolta contra o mundo, a família, os valores estabelecidos. Os jovens querem mudar, transformar o mundo; e este período traz a possibilidade de experimentar jogos violentos, jogos sexuais, participação em gangues, engajamento em causas significativas, participação em iniciativas saudáveis e aprendizagem de novas habilidades (esportes, expressões corporais, dança, circo, expressões musicais, escritas etc.), emoções e, sobretudo, conflitos.

Milton Dacosta, Rio de Janeiro, Brasil (1942).

A roda roda
e eu em torno dela.
O círculo eterno,
mandálico universo
que me deixa tonta
e me leva hipnotizada
como um carrossel
a um mundo outro.
Giro, giro, giro,
Rio, rio, rio.

Fico tonta, levanto.
Alguém corre atrás de mim,
para me pegar.
E o que me pega
é um frio na barriga.
Uma risada nervosa.
Uma adrenalina porosa.
E esqueço de tudo.
Só corro, corro, corro,
caio, rio.
E ouço ao longe a voz da minha mãe chamar.
— Não estou aqui —.
A voz fica mais e mais próxima,
vai cortando meu prazer,
cerceando meu ritmo,
acabando com minha música,
gritando para mim.
E nas minhas lembranças,
até a velhice,
volta o giro, o riso, a tontura,
o prazer, as cócegas no corpo.
E os gritos cortantes da minha mãe.
Voltam
e o corpo me dói.
E a alma ainda chora sua ferida. (A. F.)

Na medicina integrada que olha para o ser humano na sua inteireza — como as medicinas orientais, a homeopatia, a medicina antroposófica —, a doença é um dos sinais das dores psíquicas refletidas nas dores físicas. Algumas dores são pontuais e falam por si mesmas; outras dores são providenciais, defesas, ajudas para assimilar determinadas emoções. Outras são mensageiras, porta-vozes de situações psíquicas difíceis de serem compreendidas de outras formas. Em muitas escolas da Europa e, muito timidamente ainda no Brasil, inicia-se uma interlocução entre educadores e médicos para compreender o significado, as mensagens veiculadas pelas diversas manifestações de dor e doenças das crianças e sua influência nos seus processos de desenvolvimento e aprendizagens. Novas doenças viraram quase epidemias pelos incontroláveis estímulos vindos do mundo externo. Crianças com depressão, hiperativas, obesas, com estresse, crianças com câncer, só para citar algumas manifestações de dor, são gritos sintomáticos dos profundos excessos e das catastróficas carências das quais as crianças são vítimas nos mais diversos meios. A dor, o sofrimento, a doença são sempre vividas em uma grande solidão, mesmo que as crianças estejam sendo assistidas, cuidadas, medicadas. E grande parte dos medicamentos são, muitas vezes, coquetéis químicos extremamente potentes para combater os "bichos", venenosos e agressores da energia vital.

Estou com fome
de comida,
de carinho,
de... (A. F.)

Do que sentem fome estas crianças? Olhemos profundamente nos seus olhos. Como não sentirmos na pele, no estômago e no coração o que elas estão sentindo?

Inchados, inchadíssimos, os bebês e os sanduíches: inchados de químicas, de ingredientes que não alimentam, só enganam fomes mais profundas. Podemos até sentir a sensação de estufamento, de quase explosão.

Situações opostas que aparecem nas nossas sociedades, opostas, mas que espelham profundas carências afetivas: crianças abandonadas de alimento, de afeto e proteção; ou carências substituídas por artifícios que vão desde a alimentação excessiva e artificial até o consumo desenfreado, tentando preencher tantas faltas.

Marie Bashkirtseff, *Le Meeting,* Musée d'Orsay, Paris, França (1884).

Olhar de raiva? De desconfiança? Ele está tramando alguma coisa? Está prestes a atacar? Aprontou e está prestes a levar uma bronca? Boca fechada, tensa, segurando não só o fio. O que mais? Os artistas têm a capacidade de captar estes momentos em que a respiração fica suspensa por segundos. E nós, como nos conectamos com estas expressões? O que provocam em nós? O que evocam das nossas próprias emoções?

Alguns sentem raiva se cutucados, empurrados, agredidos; outros sentem afeto quando abraçados, quando recebem carinho, quando ajudados, apoiados; alguns sentem tristeza quando excluídos, desconsiderados, não amados; outros sentem culpa em diversas situações.

Imenso o mundo das emoções!

Há outro tipo de solidão que desperta a compaixão de muitas crianças: quando outras ficam sozinhas, isoladas ou são discriminadas, por exemplo, na escola.

Este é um tipo de violência praticado entre pares, chamado *bullying*. O que sente esta menina na solidão da sua tristeza? O que acontece com sua autoestima? Ela é e se sente diferente, discriminada. Quem nunca se sentiu assim? As crianças são cruéis também entre si. E estes sofrimentos que muitas crianças escondem, não contam para ninguém, podem durar anos, ocultos, escondidos, sofridos.

Em que mundos estão estas crianças? Como processam a velocidade das imagens e informações que acessam com seus dedinhos ultrarrápidos? O que se processa nos seus cérebros e como ficam suas emoções nestes momentos? Sentem alguma coisa? Ou ficam tão hipnotizadas que congelam seus corpos e suas emoções? Estão sozinhas e, ao mesmo tempo, acompanhadas: por quem? Com quem? Muitas são as descobertas e os caminhos que facilitam a comunicação e a aquisição de conhecimentos no manejo dos computadores, da internet. Mas muitos são, também, os malefícios para o corpo, para a forma como as imagens, muito rapidamente, entram nas vidas interiores das crianças.

Elas têm acesso a mundos e imaginários que podem alimentar suas individualidades, incentivando suas fantasias e criatividades.

Gilka Girardello (2005, p. 6) sugere que prestemos atenção "a processos complementares, que [...] parecem marcados por uma *continuidade* e não por uma ruptura com as práticas culturais infantis consideradas mais tradicionais [...]." Que prestemos atenção ao

> modo como as crianças de hoje transpõem para o espaço virtual as brincadeiras que realizam no tapete da sala [...] o que pode nos ajudar a compreender melhor as novas subjetividades. No computador, no jardim ou no tapete, a criança movimenta os bonecos, fala por eles fazendo diferentes "vozes", cria enredos, conflitos, peripécias, desfechos. [...] A criança cria e recria o mundo a cada vez que brinca — um mundo cheio de personagens, famílias, cidades, rituais e culturas [...] (idem, ibidem, p. 14).

Interessante observar como o universo lúdico-narrativo das crianças amplia-se frente a estas culturas virtuais, e "todas as telas da Internet que a interessam transformam-se em cenários de pequenos enredos dramáticos" (idem, ibidem, p. 12).

As crianças têm também acesso a imagens saudáveis, a um universo infindável de informações, e a outras violentas ou absolutamente inadequadas através das quais são levadas a mundos que podem provocar-lhes traumas, medos, vícios; agressividade ou apelo à sexualidade precoce. O que se processa no interior das crianças em contato com estas imagens ou expostas a outros desconhecidos que, perto ou longe, mas virtualmente, adentram suas vidas, suas existências, interferindo profundamente no seu ser? E o que acontece no contato delas com suas próprias produções de imagens?

Têm solidões "choradas", têm solidões ignoradas, sem consciência; têm solidões que conseguem dizer ao mundo, como o poético clamor de Mauro, 11 anos, São Paulo:

Lá em casa

Lá em casa,
meus pais chegam tarde.
Lá em casa,
eu fico sozinho às vezes.

Lá em casa,
sou o único que tem defeito.
Lá em casa,
eu só preciso
de um pouco...
de atenção!

E têm solidões criativas, expressivas, os canais encontrados pelas crianças para criar, estudar, compor, descobrir, descobrir-se.

No silêncio da solidão, muitas músicas são tocadas.

Crianças se balançando nos balanços da praça. Fecho os olhos e evoco, na solidão do meu balanço de infância, o ar batendo no meu rosto, o frio na barriga do vai e vem, a sensação de voar, a vertigem e os sonhos entrelaçando-se nas sensações e emoções do meu corpo e da minha alma. Breves e belos minutos de fantasias sentidas, vividas, tão reais naqueles instantes... Quem olha para estes momentos, quem escuta estas solidões brincadas, quem percebe a transcendência que tem para as crianças viver estes saudáveis momentos de alegres solidões?

No mergulho da solidão, atentas ao mundo que se revela, as crianças, muitas vezes, nem percebem que possa haver alguém olhando para elas: estão sós nesses momentos, descortinando tempos e espaços vazios, enchendo-os com suas músicas-poesias lúdicas, reescrevendo o mundo.

Sem o tempo da solidão, seria impossível criar: podemos fazer parte de uma multidão, mas se há um lugar ao qual ninguém, mais do que nós mesmos, nunca terá acesso, é o lugar das nossas fantasias, das nossas imaginações, das nossas solidões. Lugar onde nascem as primeiras sementes criativas, os embriões de pequenos ou grandes sonhos e projetos; os segredos nunca revelados; as emoções mais profundas. Solidão, lugar de criação de mundos, de sabores, de músicas, de poesias, de brincadeiras, de estórias, de tantas e tantas imagens...

Esta natureza criativa do ser humano "se elabora no contexto cultural" (Ostrower, 1987, p. 5). Assim, as situações de solidão permitem observar o confronto entre a criatividade "que representa as potencialidades de um ser único" e, suas criações, "a realização dessas potencialidades" dentro do contexto de determinada cultura (idem, ibidem, p. 5). Assim, os processos criativos acontecem na interligação do nível individual e do nível cultural.

Uma menina de 4 anos ajoelhada no asfalto, mãos impregnadas de giz azul, mistura o seu corpo à dança do desenho que vai criando: esse é seu mundo, seu momento, seu espaço. Dá até para sentir a poeira do giz e do asfalto quente, o barulho do contato, a construção de um caminho. Que paisagem é essa? A criança é parte dela, protagonista, autora.

Como dialoga este brincar que tem a ver com impressões, o brincar da natureza das crianças — que vem de dentro — com a cultura do brincar que está instaurada, diferente de um contexto ao outro — que vem de fora?

Em que medida atropelamos, não olhamos, não vemos este brincar espontâneo que acontece quando o adulto vira as costas: no recreio da escola; na rua — quando as crianças têm uns segundos sem ter que trabalhar para alguém — em movimentos de liberdade de escolha; em casa?

Em que medida estamos deixando as crianças serem elas mesmas, quando "preenchemos" suas infâncias com atividades, matérias, ocupações?

> [...] Recolho do que em mim observo e escuto muda lição, que ninguém mais entende. O que sou vale mais do que o meu canto [...]
>
> (*Soneto antigo*, Cecília Meirelles)

CAPÍTULO VI

Olhares:
ciranda-rodapião

Olhar
com olhos profundos
o olhar que nos olha.
Olhar, para os nossos silêncios,
para as nossas tristezas.
Olhar,
deter-se
e ver
o invisível,
o indizível,
o indescritível.
Olhar
o coração,
alma essencial
e profunda
de mim mesmo
e do outro.

Olhar
e não entender.
Olhar e tudo ver.
Olhar,
mergulhar,
recolher tesouros.
Olhar profundamente
e trazer junto resquícios.
Olhar e destrinchar.
Olhar e se entregar
aos dizeres autênticos,
claros, transparentes.
Olhar,
Simplesmente olhar.

(Friedmann)

Em percurso por várias "paisagens culturais" (Ferreira Santos apud Rocha Pitta, 2005, p. 66), circulamos pelas experiências de *observar, conhecer, ouvir, ver, sentir, perceber* e *olhar*.

Nos **Brincares**, caminhamos pela proposta de observar as brincadeiras infantis.

Adentrando **Culturas lúdicas**, propusemos conhecer as brincadeiras de hoje.

Continuamos com os **Dizeres**, convidando a ouvir as crianças e adentrar nos seus universos.

Em contato com as **Imagens**, colocou-se o desafio de ver e contemplar.

As **Expressões** convidaram-nos a perceber e sentir emoções.

Neste último capítulo, completamos o círculo do olhar.

OLHAR

Etim.: direção para algum lugar ou objeto; dirigir os olhos para; contemplar; observar atentamente.
A abertura dos olhos é um rito de iniciação, a abertura ao conhecimento.

Cada criança é um microcosmo que, em interação com outras crianças (outros microcosmos), vive processos permanentes de trocas lúdicas, intercâmbio de linguagens, mensagens, percepções, criação e recriação de imagens e imaginações.

Na roda são todos iguais e, ao mesmo tempo, cada integrante mantém sua singularidade. Na roda, todos podem se ver. Não há hierarquias. Na roda há uma organicidade, um ritmo próprio dado pela toada dos corpos, pelos seus movimentos, gestos, vozes e silêncios.

A complexidade da roda da vida é ilustrada por vários pensadores que inspiraram as reflexões desta obra:

Jung (2010), por meio das suas *mandalas*, consideradas por ele símbolos da totalidade humana, como a autorrepresentação do processo de individuação.

Morin (apud Margem, 1992), ao propor a cultura como um sistema dialético em que o saber, as experiências, os códigos e as normas funcionam em um circuito cultural como um sistema metabolizante.

Bigé (2003), com sua proposta quadrifolhada, sugerindo uma leitura circular do mundo.

E, ainda, todas as formas que encontramos na natureza e seus processos circulares de existência inspiraram este trabalho para a proposta de ampliação e aprofundamento dos nossos olhares sobre as crianças.

No decorrer desta obra, as crianças tiveram vez com seus espaços expressivos. Nós as ouvimos, detivemo-nos nas suas paisagens, conectamo-nos com suas vidas e levantamos inúmeros questionamentos. Neste fim de estrada e início de novas possibilidades, dou voz a nossos leitores/interlocutores: é a partir das suas perguntas e inquietações que puxo o fio das minhas reflexões finais. Perguntas que surgiram em encontros, cursos, seminários e palestras e que reúno, aqui, para continuar o diálogo.

1. *A presente obra aponta para a grande complexidade das crianças. O que pode ser comentado a respeito?*

É desafiador, mas essencial, olhar e escutar as crianças na sua inteireza e na sua complexidade: elas são corpo, mente, emoções, têm suas regras, sua espiritualidade, suas essências, transparência e mistérios, expressando-se, todas elas, por meio dos seus sentidos, da sua ludicidade, sua arte, gestos e movimentos.

Para compreender o que é a complexidade das crianças, faço uma analogia com a tapeçaria. Imaginemos uma: ela comporta fios de linho, seda, algodão, lã, de cores variadas. Para conhecê-la, seria interessante também conhecer as leis e os princípios relativos a cada uma dessas espécies de fio. Contudo, a soma dos conhecimentos sobre cada tipo de fio que compõe a tapeçaria é insuficiente para conhecer essa nova realidade que é o tecido; ou seja, as qualidades e propriedades dessa tessitura. É também incapaz de nos auxiliar no conhecimento de sua forma e configuração.

A primeira etapa da complexidade indica que conhecimentos simples não ajudam a conhecer as propriedades do conjunto. Trata-se de uma constatação banal, que, no entanto, tem consequências não banais: a tapeçaria é mais do que a soma dos fios que a constituem. O todo é mais do que a soma de suas partes.

A segunda etapa da complexidade revela que o fato de existir uma tapeçaria faz com que as qualidades desse ou daquele fio não possam, todas elas, expressar-se em sua plenitude, pois estão inibidas ou virtualizadas. Assim, o todo é menor do que a soma de suas partes.

A terceira etapa da complexidade é a mais difícil de entender por nossa estrutura mental. Ela diz que o todo é, ao mesmo tempo, maior e menor do que a soma de suas partes.

Isso é verdadeiro para cada célula do nosso organismo que contém a totalidade do código genético do nosso corpo. É também verdadeiro para a sociedade: desde a infância ela se imprime como totalidade em nossa mente, por meio da educação familiar, escolar e universitária.

Na tapeçaria, como nos seres humanos, e nestas reflexões, as crianças, os "fios" não estão dispostos ao acaso. Estão organizados em função da talagarça, isto é, de uma unidade sintética na qual cada parte contribui para o conjunto. A tapeçaria é um fenômeno que pode ser percebido e conhecido, mas não pode ser explicado por nenhuma lei simples.

Assim também ocorre com o universo das crianças, suas paisagens, suas expressões, naturezas e culturas: cada criança tem uma singularidade, nasce com uma herança genética e vai incorporando informações, estímulos que vêm da sua família, da diversidade cultural à sua volta, dos meios de comunicação. A partir das suas capacidades individuais, do seu temperamento, das vivências, estímulos ou falta deles e da sua essência particular, ela forma-se, transforma-se e se expressa no mundo, tecendo assim a "tapeçaria" que constitui sua existência.

2. *Que caminhos podem ser empreendidos e desenvolvidos para dar voz às crianças?*

O repertório de conhecimentos relativos às crianças e à compreensão do seu desenvolvimento integral é ainda, apesar das inúmeras pesquisas produzidas, sobretudo no final do século XX e primeira década do século XXI, um campo de estudos com muito por ser compreendido e desvendado. Foram realizadas pesquisas e interpretações dos universos infantis sob diferentes óticas, todas visões extremamente importantes de serem experimentadas como base para a compreensão dos seres humanos. Porém, temos nos distanciado daqueles que pretendemos melhor compreender: chegamos às crianças com verdades que vestimos como uniformes, ingênuos para a possibilidade de ouvir, olhar, observar e ver o que acontece com aquelas crianças ou grupos que estão à nossa frente. Ouvir e observar já seria um grande passo para nos desvencilharmos de verdades preconcebidas e podermos ter, nós educadores, a coragem de criar um referencial específico do grupo que acompanhamos no dia a dia. Ao franquear esta porta, deparamo-nos com universos repletos de tesouros que nos revelam linguagens pouco conhecidas por nós: linguagens e imagens infantis, das quais tratamos nesta obra.

Reconhecer que estas crianças com as quais convivemos diariamente estão permanentemente se expressando consciente e inconscientemente, verbal e não verbalmente, através de mensagens e imagens é o ponto de partida para abrirmo-nos para ouvi-las.

3. *Que meios ou instrumentos teriam os educadores para observar e ouvir as crianças? Como ouvir, olhar, ver e compreendê-las?*

Dentre os recursos possíveis, as linguagens expressivas permitem-nos adentrar o universo infantil: o desenho, as artes plásticas em todas suas formas, a brincadeira, a expressão musical, a expressão verbal, a expressão corporal, o gesto, o movimento, as atitudes e posturas, as reações emocionais, o conteúdo onírico, enfim, a ludicidade permeando toda e qualquer atividade; elas são, ao mesmo tempo, meios e conteúdos para iniciar nossas indagações. Embora estas sejam propostas que permeiam muitos cotidianos e situações educacionais, o importante é tomar consciência de que os educadores têm, em mãos, um riquíssimo repertório de pesquisa para o aprofundamento e maior conhecimento das crianças. Dentro ou fora dos currículos escolares; dentro ou fora do ensino formal; no cotidiano familiar; na comunidade. Enfim, em qualquer lugar e a todo momento, as crianças falam das mais diversas formas. Ouvi-las depende, não de oportunidades ou tempos específicos, mas de vontade e abertura interior de cada adulto.

O primeiro passo para ouvir, olhar, ver e compreender começa com a possibilidade de um processo de autoconhecimento para ouvir e compreender as nossas próprias vozes, descobrir nossos próprios canais expressivos e colocar ali nossas emoções e sentimentos. Consiste em nos colocarmos no lugar de cada uma e de todas as crianças. Trata-se de adentrar seus mundos, colocar-se na pele, no corpo e na alma delas. Desafia-nos a estarmos atentos às nossas percepções, emoções, sensações, sentimentos e pensamentos.

4. *Quais as pistas para começar a adentrar nestas linguagens e imagens?*

A partir da obra *O universo simbólico da criança* (2005) da minha autoria, proponho integrar dois tipos de leituras das linguagens e imagens infantis: uma abordagem externa e uma abordagem interna.

A abordagem externa tem relação com a cultura, época, contexto social: é uma leitura mais relacionada ao coletivo; aparece concretamente nos dados do tempo, espaço, objetos, regras, contextos. A abordagem interna é aquela atribuída pelo "leitor-observador-ouvinte" de forma individual, a partir das suas emoções, *insights*, vivências pessoais: é uma leitura que lê em interação com quem é "lido".

A junção de ambas leva-nos a uma leitura mais rica e significativa para uma compreensão mais profunda das crianças.

No brincar, nas expressões plásticas ou em qualquer outra linguagem expressiva, o grande desafio é o de estabelecer um diálogo entre as imagens que vêm de fora com as imagens que vêm de dentro; um diálogo entre as imagens que vêm de cima com as imagens que vêm de baixo; entre o significado superficial, concreto, cartesiano e o significado profundo, abstrato, transcendente. Só assim é possível ter um olhar integrado e significativo dos universos das crianças.

Cito alguns trabalhos que têm avançado na compreensão da linguagem dos sonhos (Gambini apud Scoz, 2001), da arte (Ostrower, 1995; Edwards, 1999; Silveira, 1992), dos contos (Bonaventure, 1992; Von Franz, 1990) e do brincar (Piaget, 1978; Vigotski, 1979). Temos, pois, algumas referências e sugestões de elementos básicos e de outros a serem construídos para dar sequência às nossas pesquisas.

5. *O que podemos dizer sobre a observação e o olhar?*

Olhar tem a ver com atenção e com todos os sentidos. Para a educação das profundezas do ser humano, esta diferença é muito importante. Nesta forma de olhar não há uma verdade porque a sensação é uma maneira de "tornar-se".

O materialismo reduz o mundo a pequenas ideias que conseguimos captar por meio da experiência: a visão torna-se restrita e perde-se a visão mais ampla e profunda do mundo. O ser humano tem o potencial de reverter essa situação, desencantando os sentidos, ou seja, transformando-os lentamente.

Observar tem um significado oculto: observar significa servir, servir objetivamente, servir o objeto, servir o objeto objetivamente. Se quiser servir o objeto com minha visão, tenho que fazer uma coisa especial: compreender — em inglês "understand" significa ficar agachado — é outro tipo de servir, fico embaixo daquilo que gostaria de servir. Observar para compreender — preciso ficar embaixo daquilo que quero compreender objetivamente. A chave é me entregar àquilo que quero observar. O ser humano tem diferentes potenciais de compreensão, de consciência.

As crianças, naturalmente, desejam entregar-se aos adultos. Estes têm mais resistência à entrega. Aqui reside a importância da flexibilidade. Nas crianças pequenas é possível manter as imagens vivas. Uma simples imagem pode ser abstrata ou tomar vida: entrar na imagem, colocar-se no lugar. Para tal, é importante aprender a linguagem dos gestos. Esta é a essência da educação: cada conceito que trazemos para as crianças deve ter, por trás, um gesto. Se conseguirmos trazer à vida este gesto interno, ele poderá ser compreendido, mesmo que sem palavras. Tornando-nos as imagens, desvendamos os segredos por trás delas. As crianças prestam atenção aos gestos.

A grande tragédia do ser humano é "matar" o movimento essencial. Por quê? Porque vemos as coisas, mas não o movimento delas. A grande oportunidade do ser humano está em desencantar aquilo que matamos. Como? Pensando em imagens. Há uma força contrária que é a da poluição das imagens externas que esgotam as imagens internas. O segredo está na arte, nos sonhos, nas brincadeiras, na música, no movimento, capazes de criar imagens internas.

6. *Qual a postura do observador-pesquisador?*

Quem observa e pesquisa não precisa, necessariamente, ser um pesquisador externo, mas pode ser aquele que convive, cotidianamente, com seu grupo: o educador, o monitor, os pais ou outros cuidadores. A grande diferença é a mudança na postura daquele que se considera detentor da verdade, do conhecimento, que se propõe a ensinar, para uma atitude de humildade na qual se quer aprender, compreender, reavaliar pré-conceitos, verdades e regras, e abrir-se para conhecer e reconhecer novas paisagens, novas linguagens.

O observador tem várias possibilidades: ficar de fora da atividade das crianças, só observando, de preferência, fazendo alguma atividade paralela para não interromper ou mudar o curso da espontaneidade das crianças. O observador pode "entrar" nas imagens, nas situações, tentando se colocar no lugar de quem é observado. Pode dispor-se a brincar junto, para aprender a linguagem das brincadeiras e das diversas expressões lúdicas e conectar-se, assim, com suas próprias reações, sensações e percepções. Pode pedir para as crianças explicarem o jogo e solicitar licença para observar.

É desafiador estar inteiro, conectado e respeitoso respondendo aos olhares, convites, perguntas e questionamentos das crianças; pois quem observa também se modifica, enquanto observa. Quem observa interfere, mesmo que não queira, junto àqueles que são objeto do seu olhar. Não há como pesquisar e compreender os universos infantis sem estas conexões, sem estas interferências de mão dupla. E aqui me inspiram as reflexões de Godelier (2007) quando fala do antropólogo, como aquele cujo ofício é o de "conhecer o outro". E para tal "é necessário instalar-se na distância para aproximar-se o mais perto do outro" (idem, ibidem, p. 177).

Na prática do trabalho de campo, o antropólogo vive durante algum tempo com a comunidade ou sociedade estudada, dialogando, estabelecendo uma conexão com o ponto de vista do nativo para dar sentido ao que está sendo observado: ele vive as conexões no campo como problemas existenciais.

> [...] ao mesmo tempo fora e dentro da sua própria sociedade — mas também dentro e fora da sociedade aonde ele veio exercer seu ofício. Este lugar é, ao mesmo tempo, concreto e abstrato: concreto porque seu 'terreno' está situado em algum lugar, no coração de uma sociedade determinada geograficamente [...], em uma época determinada [...]; abstrato porque sua vida naquele lugar não se assemelha nem à vida daqueles que moravam ... e continuam a morar [...], nem àquela que ele leva na sua própria sociedade de origem [...]
>
> (Godelier, 2007, p. 51)

O educador/professor tem muito a aprender com o antropólogo a respeito desta atitude de escuta, conexão e presença. Ele tem ainda como desafio enriquecer o ambiente cultural oferecido às crianças: "na multiplicidade narrativa, na diversidade das linguagens, na memória, na arte, nas experiências do corpo; na qualidade, enfim, do cotidiano das crianças" (Girardello, 2005, p. 15).

7. *Como lidar com a questão do tempo nas observações?*

O tempo precisa ser medido a partir não dos nossos relógios apressados, mas do tempo das crianças, o necessário para que elas possam se expressar; e a partir do tempo do observador-leitor-ouvinte: o tempo necessário para que ele possa entrar em contato com suas percepções internas e discriminar o que é dele, pessoal, e o que é das crianças.

8. *O que dizer dos espaços possíveis para estas observações acontecerem?*

Espaços de brincar
Espaços de expressar
    Espaços sagrados
        Espaços adequados
            Espaços alegres
                Espaços tumultuados
                    Espaços flexíveis
                        Grandes ou pequenos
                            Espaços criativos
                                Espaços calorosos
                                    Espaços modernos e
                                Espaços antigos
                            Espaços de lembranças
                        Espaços de saudades
                    Espaços de presenças
                Espaços de descobertas
            Espaços de aprendizagens
        Espaços sagrados
Espaços de brincar
Espaços de expressar
Meus espaços
Teus espaços
Nossos espaços.
(Friedmann)

Quando há espaço interno, espírito lúdico interno, o espaço para o brincar ou qualquer tipo de expressão acontecer surge de forma natural.

Quando reflito a respeito de espaço, penso não somente no espaço externo, mas também no espaço interior de cada ser humano: o quanto estamos disponíveis, internamente, para deixar o brincar e as expressões entrarem em nossas vidas. Penso tanto no espaço físico quanto no espaço no tempo, na vida.

O espaço pode adequar-se à faixa etária ou à situação proposta.

Os materiais de apoio podem ser suficientemente variados para que as crianças tenham condição, de forma autônoma, de escolher pessoas, objetos, brinquedos ou situações de expressão.

9. *Qual seria uma possível sequência para começarmos a ensaiar estas pesquisas?*

Não quero propor receitas a serem seguidas cegamente. O que proponho é uma estrutura básica para um ensaio de leituras analógicas das diversas linguagens expressivas das crianças, uma sequência que surgiu a partir da minha própria experiência de observação e pesquisa dos universos infantis. Com isto, quero sugerir que cada pesquisador descubra seu próprio roteiro de viagem nestas incursões.

Partilho dos meus roteiros, que mudam a cada nova experiência:

O ponto de partida são narrativas das crianças: seleção das situações, imagens, processos ou produtos; e escuta atenta e flutuante delas.

O diálogo com as crianças é uma das fontes desejáveis para estas pesquisas e compreensão dos seus universos.

Junto com a observação das crianças, suas imagens e suas produções caminhamos para ampliar e aprofundar nossos olhares: adentrar nas imagens que estão à nossa frente, nas diversas narrativas; colocarmo-nos no lugar de quem pinta, escreve, diz, olha; conectarmo-nos com nossos sentimentos, sensações e percepções.

Os registros são fundamentais em todas as situações: tanto o registro do que vemos: há várias formas de registrar imagens que variam em função de cada situação, com fotos, relatos, filmes, gravações etc. — quanto o registro do que percebemos: a religação com nossos sentimentos, nossas intuições e *insights*.

Seguem-se exercícios de leituras: do que vemos e ouvimos concretamente; e a interpretação do que vemos.

O diálogo e a troca com outros leitores podem enriquecer muito nossos olhares e pontos de vista: estas informações, que podem vir de outros observadores, dos pais e de outros especialistas ajudam a ampliar e oferecer uma compreensão mais profunda das crianças observadas.

Os estudos teórico-científicos proporcionam um embasamento importante e complementar às nossas constatações e leituras. As poesias, a literatura e os mitos inspiram e falam das nossas emoções.

10. *É possível elaborar metodologias de observação?*

Há várias possibilidades, mas o mais importante é a flexibilidade.

As pesquisas com crianças podem ser feitas tomando-as como sujeitos ou com os profissionais que a elas se ligam, quando, então, investigam-se as suas falas sobre as crianças e sobre eles próprios.

As pesquisas podem consistir em observações participantes: interações diretas e contínuas do pesquisador com as crianças; ou em interlocuções diretas com as crianças; em recordação de memórias de infância de adultos; ou em recordação de imagens de infância criadas pelos adultos.

Fontes ricas sobre o que é ser criança e suas ações no mundo são a literatura, a poesia, as artes, o cinema, textos jurídicos, documentos.

Para um estudo sobre crianças caracterizar-se como antropológico, não há necessidade de tomar como sujeitos somente crianças de outras culturas e sociedades: pode-se debruçar sobre fenômenos e temas próximos do próprio meio social do pesquisador, evitando a ilusão do conhecimento prévio; ele deve ser capaz de reaprender o que lhe parece tão natural. Como afirma Cohn (2005, p. 50), "quanto mais óbvio parecer o que se vê e ouve, mais se deve desconfiar e procurar desatar as tramas". Não há imagem produzida sobre crianças e infâncias ou, pelas crianças, que não seja produto de um contexto sociocultural e histórico específico.

11. *Como ampliar as possibilidades de observação e leitura do universo infantil?*

É possível ampliar a nossa perspectiva a partir da leitura do mundo, e uma das inúmeras formas que escolho aqui é a sugerida por Bigé (2003). Este autor propõe quatro caminhos do saber ou do conhecimento de objetos, seres, fenômenos, processos e fatos, integrados em quatro quadrantes. Incorporo a esta leitura a imagem do círculo que evoca movimento, integração e inteireza e nos convida para uma leitura ampliada e aprofundada da complexidade do universo das crianças.

O conhecimento analítico, a leitura científica, a ciência analítica ou ciência da substância é o conhecer dos nossos sentidos. Nesta abordagem, medem-se as diferenças. Ela está apoiada na lógica científica que acentua o individualismo, o liberalismo e o materialismo e tenta descobrir a identidade objetiva do mundo concreto. É a leitura mais comum nos nossos dias. É proposta uma leitura pseudocientífica que nos remete à biologia, às etapas de desenvolvimento integral: estamos no campo da psicologia do desenvolvimento e das pedagogias da infância.

Esta leitura científica do mundo físico, material, remete-nos a elementos, objetos, estudos sobre a importância do contato com a natureza, a integração física, cognitiva, afetiva, a descoberta, a imaginação etc.

O conhecimento ou leitura ecológica, a ciência das interações ou das relações é o conhecer da direção, do movimento incessante que liga a parte com o todo. Esta abordagem reconhece, como primordiais, a coletividade com seus vínculos sociais e ecológicos. Aqui a relação é sagrada. Nossa cultura começa a se conscientizar da importância desta abordagem.

Sugere-se uma leitura ecológica que nos coloque nos diversos contextos socioculturais, realidades familiares, origens multiculturais, meio ambientes cotidianos, diferentes grupos de pares de convivência, e apontam-se os diversos papéis exercidos por cada um: estamos no campo das ciências sociais.

Esta leitura ecológica do mundo biológico e cultural remete-nos ao entorno, ao contexto, à realidade, à cultura.

O conhecimento ou leitura simbólica, a ciência do significado é a percepção das forças formadoras invisíveis do ser. Goethe (2005), grande teórico do terceiro quadrante, buscava descobrir os arquétipos escondidos por trás da multiplicidade de formas objetivas das plantas. A lei que diz serem a verdade e a necessidade parte da essência das plantas pode ser aplicada a tudo o que é vivo. Esta abordagem trata de uma realidade abstrata, não material e não interativa fisicamente. Entramos no mundo das "inergias", um conjunto das forças chamadas "energias psíquicas" que vivem e dinamizam o universo do significado (em oposição ao mundo das energias dos dois primeiros quadrantes).

É proposta uma leitura simbólica que nos remete ao significado histórico, universal, arquetípico, externo, e ao simbolismo interno que tem a ver com quem olha, com a subjetividade do observador. Estamos no campo da psicologia profunda e da mitologia.

O conhecimento operativo, a leitura transcendental ou ciência dos vínculos é o co-nascimento: o indivíduo nasce com o objeto do seu estudo graças a um processo de identificação consciente. A imaginação torna-se operativa, transforma o ser em contato com o conhecimento, de forma que também todo conhecimento seja um nascimento: o poder criativo inunda o ser humano. Esta abordagem trata de uma realidade abstrata, não material e não interativa fisicamente. Este também é o mundo das "inergias". Aqui o transcendente é sagrado.

É proposta uma leitura transcendental/operativa que sugere que "ob-servar" é colocar-se por baixo, a serviço de, no lugar de, dentro do que é observado. Este tipo de leitura remete-nos ao imaginário e à sacralidade.

A leitura transcendental tem relação com os vínculos. Estamos no mundo do sagrado, dos arquétipos.

O mundo ocidental conhece muito bem a primeira forma de leitura da realidade e começa a perceber a segunda. A terceira inclui uma geografia do imaginário, a forma como os mitos, os contos e os sistemas analógicos veiculam as grandes imagens metafóricas que nos ajudam a interpretar este mundo dos significados. A quarta leitura leva-nos diretamente ao mundo, ainda misterioso, dos arquétipos em ação.

O todo está nas partes e as partes estão no todo ao mesmo tempo e, por essa razão, é essencial olhar para o ser humano, para as crianças, neste caso, de forma inteira na sua complexidade.

12. *Como caminhar para um aprofundamento da leitura e compreensão das linguagens expressivas infantis?*

As contribuições de Dennis Kloceck (apud Friedmann, 2005) podem dar-nos pistas para um aprofundamento do olhar. Ele distingue três estágios do olhar:
- Estágio do olhar fixo — o olhar fixa-se no detalhe: vejo aquilo que vejo até alguém me mostrar que existe outra verdade. A imagem está fria. É o estágio de formação de uma imagem. O mundo reduz-se a pedacinhos. Observamos e registramos exatamente o que vemos.
- Estágio do olhar fluido — o olhar parte para novos detalhes, criando sequências no tempo: há uma participação de quem olha no "tornar-se" do objeto, da pessoa, da cena ou da imagem observados. A imagem está "quente". É o estágio da conexão com outra imagem. Há possibilidade de viver no fluir das leis da natureza, exercer a liberdade de fazer as ligações que cada um quiser. Formamos uma imagem interior do que vemos em uma sequência determinada. Ver através, para ver o ser, a es-

sência. Refere-se às percepções pessoais. A arte é um dos caminhos mais interessantes para trabalhar este olhar.

- Estágio do olhar aberto — envolve as sequências ao contrário: olhar retrospectivo que dá um sentimento de evidência. Ficamos em um lugar de não conhecimento; tornamo-nos humanos, piedosos, abertos. Estágio de dissolução da "persona" — um olhar que vai além da aparência. É um nível elevado de percepção. Sacrificamos o que sabemos. Pensando em retrospectiva aproximamo-nos do arquétipo: recebemos não uma resposta, mas uma pergunta. É importante chegar ao silêncio. O objeto fala para o nosso olhar. O sentimento pode estar no presente, no passado e no futuro. É a transformação do objeto em figura com movimento e vida. O silêncio que fica quando a imagem desaparece é muito profundo. Existe uma linguagem pela qual a alma fala, canta, toca. Toda forma tem, atrás de si, um movimento sonoro.

13. *O que pode ser dito sobre as pesquisas com crianças?*

As pesquisas são mapas que adultos e crianças traçam juntos, no decorrer da caminhada: dar voz às crianças é uma das mais importantes fontes de conhecimento do século XXI sobre elas.

As propostas de inserção nos diversos universos das crianças requerem a ampliação e o aprofundamento da nossa visão sobre suas vidas. Temos muito a aprender com esta diversidade de culturas infantis, sem julgamentos, mas, sobretudo, a partir do conhecimento das inúmeras realidades, na aceitação e reconhecimento destas.

Estou convicta da necessidade de se criar condições muito particulares no trabalho ou na convivência cotidiana junto às crianças, tanto para termos uma situação básica para as pesquisas quanto para oferecer a elas oportunidades para poderem se expressar e terem espaços para serem elas mesmas — espaços estes cada vez mais raros, mas tão necessários nas suas vidas. Afinal, são estas as linguagens a partir das quais os seres humanos iniciam seus caminhos de humanidade, dizendo quem cada um é, em prol de vidas e infâncias mais significativas.

14. *O que dizer sobre o autodesenvolvimento dos educadores?*

As atividades auto-observadoras devem ser inseparáveis das atividades observadoras, necessitando da integração do observador/sujeito na observação/concepção. Acredito que, para que o educador/pai/cuidador possa escutar e observar, apreender, ler e compreender as linguagens infantis, ele precisa, ao mesmo tempo, ouvir a si mesmo, auto-observar-se, perceber-se, compreender-se. Por isso, o autodesenvolvimento do educador constitui, hoje, condição *sine qua non* para operar transformações, abrir brechas, integrar saberes nos universos infantis, de forma simultânea, possibilitando estas mudanças paradigmáticas dentro de si, dos seus grupos, da sua cultura e, consequentemente, na vida das crianças.

São vários os desafios do complexo caminho em espiral, labirinto que coloca-se para os educadores. Um deles é o de oferecer tempo, espaço e oportunidades para as expressões espontâneas das crianças, por meio da realização de trabalhos de autoconhecimento e autodesenvolvimento permanentes; aguçando a escuta e o olhar para a leitura das mesmas e ampliando as possibilidades das manifestações simbólicas: brincadeiras, expressões plásticas, gestos e movimentos etc. O diálogo com outros observadores, com as teorias do desenvolvimento e com outros participantes do universo das crianças observadas torna-se importantíssimo. Criar e recriar propostas de forma contínua, que venham atender à complexidade expressa pelas crianças, às suas necessidades, interesses e potenciais, aproveitando as "brechas, fissuras", suas crises e valores, seja talvez uma das mais interessantes possibilidades de, efetivamente, tornar um trabalho significativo e adequado a cada grupo infantil ou situação. O aprofundamento de estudos e pesquisas das naturezas e culturas infantis, dando voz às crianças, é uma importante contribuição para o universo da educação e da antropologia.

Fechando o círculo

joaoamaralphoto.no.sapo.pt

*Percebo, vejo e sinto nestas brincadeiras de roda,
as expressões, rostos, gestos, a brincadeira, a roda,
o ritmo, o movimento, a música, só olhando.*

Rodas, galáxias, flores, mandalas, todo o universo movimenta-se de forma circular, a vida circula de dentro para fora e de fora para dentro.

Esta obra não é conclusiva porque, como o universo e o ser humano, as crianças participam deste complexo movimento circular, entretecendo seus sentimentos, emoções, sensações, pensamentos e intuições com fios infinitos que tecem suas vidas sem parar: em tempos próprios, em espaços diversos, em contato com tantos e consigo mesmas. Tecem, interagindo com o que a vida traz de riqueza ou com o que ela tira, pelas suas pobrezas. Riquezas de vivências e informações; pobrezas pela ocorrência de maldades e misérias.

A imagem da mandala fica mais complexa neste final, precisa ser retomada e voltar a ficar orgânica, assim que tivermos a coragem de adentrar estes universos infantis. O processo não tem ponto final. Ainda bem!

E nestas rodas de tantas vozes e narrativas de crianças e infâncias, entrelaço minhas mãos às dos sábios velhinhos indígenas e seus mitos:

> São mitos vivos, contados por povos contemporâneos nossos, mitos como 'tradição sagrada, revelação primordial, modelo exemplar', como diz Mircea Eliade (Bonnefoy, 1993, p. 3-5), e não invenção ou ficção para quem os conta. São mitos ouvidos, contados e não lidos, a voz dos narradores apontando para o manancial de saber que se esconde na alma e na fala destes velhinhos. A intenção é que as estórias surjam com vivacidade, em sua plenitude, ao sabor da sensibilidade dos ouvintes ou leitores, reforçando o reconhecimento da autoria indígena, o respeito aos povos dos contadores, e aos direitos dos índios em geral.[1]

---

1. MINDLIN, B. Bodas de carne ou amor no reino animal — nota final metodológica. Revista eletrônica *Ponto e Vírgula*, n. 1, 2007.

POSFÁCIO

> Em todo o momento de atividade mental acontece em nós um duplo fenômeno de percepção: ao mesmo tempo em que temos consciência dum estado de alma, temos diante de nós, impressionando-nos os sentidos que estão virados para o exterior, uma paisagem qualquer, entendendo por paisagem [...] tudo o que forma o mundo exterior num determinado momento da nossa percepção. Todo o estado de alma é uma passagem. [...] Assim, tendo nós, ao mesmo tempo, consciência do exterior e do nosso espírito, e sendo o nosso espírito uma paisagem temos ao mesmo tempo consciência de duas paisagens. [...] De maneira que a arte que queira representar bem a realidade terá de a dar através duma representação simultânea da paisagem interior e da paisagem exterior. Resulta que terá de tentar dar uma intersecção de duas paisagens. [...]
>
> (Nota preliminar de Fernando Pessoa em *Cancioneiro*, 2007)

Chego ao fim desta viagem, em que me detive em várias paisagens infantis. Com uma lente de aumento focalizei imagens de crianças e, com a câmera lenta da minha percepção, convidei o leitor a entrar junto nas várias paragens: saboreamos, cheiramos, desfrutamos e sofremos com as muitas crianças com as quais nos conectamos.

Quis levar o leitor pela mão para conhecer, reconhecer, evocar e mergulhar nas profundas emoções, pensamentos e sensações de tantas paisagens infantis.

Como em qualquer outra viagem, foi uma aventura, uma experiência de vida, com belezas, surpresas, descobertas, sustos, misérias, criação de novos vínculos e apropriação de diferentes culturas e expressões artísticas de alguns povos peculiares: os das crianças.

Tentamos compreender suas línguas, provamos seus alimentos, cantamos e dançamos ao som das suas músicas, dormimos nos seus lares e partilhamos dos seus sonhos e de várias das suas histórias. Ouvimos confissões de raivas, medos, solidões; elas nos mostraram seus costumes, valores, limites e liberdades.

Enfim, vivemos junto delas e com elas alguns dos seus momentos, algumas horas dos nossos. Retalhos de vidas a serem alinhavados com delicadas linhas de seda na tapeçaria das nossas próprias existências.

Onde tudo começa?

É na Infância quando tudo começa.
É um tempo? Um lugar?
Um espaço onde sempre podemos voltar.

É onde mora a verdade,
A inocência,
A saudade.
Onde nasceram a arte, o gesto, a ludicidade.

É a essência de quem somos,
A explicação de nossos sonhos,
A origem de muitos medos,
A fonte de que bebemos.

Infância em que retomamos
Estradas, novas paisagens.
Recriando a roda da vida
Velhas/novas possibilidades
De reencontrar nosso ser,
De reviver os afetos,

Entender tantas linguagens,
Descobrir quantas culturas,
Decifrar novas mensagens.
Dentro e fora,
Lá atrás e agora.

Infância
Tempo real?
Imaginário lugar
Que precisa ser regado
Para a semente brotar.

É quando tudo começa...

Agradeço à vida pelo privilégio desta jornada.

E que venham outras viagens!

Privilegiada é a criança que tem espaço para ser criança.
Privilegiada é a criança que é ouvida e acolhida por adultos sensíveis.
Privilegiado é o adulto que tem espaço no seu coração para ouvir e aprender com as crianças.

Adriana Friedmann

BIBLIOGRAFIA

AGAMBEN, Giorgio. *Infância e história*: destruição da experiência e origem da história. Belo Horizonte: Ed. da UFMG, 2005.

ARIEL, S. *Children's imaginative play*: a visit to wonderland. Israel: Hardcover, 2002.

ARIÈS, P. *L'enfant et la vie familiale sous l'Ancien Régime*. Paris: Plon, Point Seuil, 1960.

BACHELARD, G. *A poética do devaneio*. São Paulo: Martins Fontes, 1988.

_____ [1991]. *A terra e os devaneios da vontade*: ensaio sobre a imaginação das forças. São Paulo: Martins Fontes, 2001.

_____ [1990]. *A terra e os devaneios do repouso*: ensaio sobre as imagens da intimidade. São Paulo: Martins Fontes, 2003.

_____ [1989]. *A poética do espaço*. São Paulo: Martins Fontes, 2008.

BAITELLO JUNIOR, N. *O animal que parou os relógios*: ensaios sobre comunicação, cultura e mídia. São Paulo: Annablume, 1999.

BAUMAN, Z. *Vida líquida*. Rio de Janeiro: Jorge Zahar, 2007.

BELTING, Hans. *Pour une anthropologie des images*. Paris: Gallimard, 2005.

BENJAMIN, Walter. *Reflexões*: a criança, o brinquedo, a educação. São Paulo: Summus, 1984.

_____. *Obras escolhidas. Charles Baudelaire*: um lírico no auge do capitalismo. São Paulo: Brasiliense, 1989. v. 3.

BENJAMIN, Walter. *Obras escolhidas. Rua de sentido único e infância em Berlim por volta de 1900*. Lisboa: Relógio D'Água, 1992.

_____. *Obras escolhidas. Sobre Arte, técnica, linguagem e política*. Lisboa: Relógio D'Água, 1992.

BIGÉ J. L. *La force du symbolique*. Paris: Dervy, 2003.

BONAVENTURE, J. *O que conta o conto*. São Paulo: Paulinas, 1992.

BOSI, E. *Memória e sociedade*: lembranças de velhos. São Paulo: Edusp, 1987.

BYSTRINA, Ivan. *Tópicos de semiótica da cultura*. São Paulo: Cisc, 1995.

CAILLOIS, R. *Les jeux et les hommes*: le masque et le vertige. Paris: Gallimard, 1958.

CAMPBELL, J. *O herói de mil faces*. São Paulo: Pensamento, 1998.

CARVALHO, E. A. de. *Saberes culturais e educação do futuro*. Palestra proferida no SESC Vila Mariana/SP, 2002. Disponível em: <http://www.sescsp.org.br/sesc/conferencias/subindex.cfm?Referencia=142&Para mEnd=5>. Acesso em: 13 jun. 2013.

_____. *Enigmas da cultura*. São Paulo: Cortez, 2003.

_____. Da perdição à esperança: Terra-pátria 14 anos depois. Revista eletrônica *Ponto e Vírgula*, n. 2, 2009. Disponível em: <http://www.pucsp.br/ponto-e-virgula/includes/outros.htm>. Acesso em: 13 jun. 2013.

CORSARO, W. A. *The sociology of childhood*. Thousand Oaks, CA: Pine Forge Press, 1997.

CYRULNIK, B.; MORIN, E. *Diálogo sobre a natureza humana*. Lisboa: Instituto Piaget, 2004.

COHN, C. *Antropologia da criança*. Rio de Janeiro: Jorge Zahar, 2005.

DELEUZE, G. Ce que les enfants disent. *Critique et Clinique*. Paris: Minuit, 1993.

DIAS, M. C. M. O direito da criança e do educador a alegria cultural. In: _____; NICOLAU, M. L. M. (Orgs.). *Oficinas de sonho e realidade na formação do educador da infância*. Campinas: Papirus, 2003.

_____. O brincar com as múltiplas linguagens na educação infantil. In: _____. *Brincar*: o brinquedo e a brincadeira na infância. São Paulo: Cenpec, 2009.

DURAND, G. *A imaginação simbólica*. 6. ed. [Original em francês de 1964.] Lisboa: Gabinete Técnico de Edições 70, 1993.

_____. *As estruturas antropológicas do imaginário*. [Original em francês de 1960.] São Paulo: Martins Fontes, 1997.

EDWARDS, C. *As cem linguagens da criança*: a abordagem de Réggio Emília na educação da primeira infância. Porto Alegre: Artmed, 1999.

FERNANDES, F. *Folclore e mudança social na cidade de São Paulo*. 2. ed. Petrópolis: Vozes, 1979.

FERREIRA SANTOS, M. *Crepusculário*: conferências sobre mito hermenêutica e educação em Euskadi. São Paulo: Zouk, 2004.

FERREIRA SANTOS, M. O espaço crepuscular: mito hermenêutica e jornada interpretativa em cidades históricas. In: ROCHA PITTA, D. P. (Org.). *Ritmos do imaginário*. Recife: Ed. da UFPE, 2005.

FOLHA DE S.PAULO. Ser criança hoje é. *Folha de S.Paulo*, São Paulo, 2007. Folhinha.

FRIEDMANN, A. O papel do brincar na cultura contemporânea. Revista *Pátio Educação Infantil*, Porto Alegre, Artmed, ano 1, n. 3, 2003/2004.

_____. *O universo simbólico da criança*. Petrópolis: Vozes, 2005.

_____. *O brincar no cotidiano da criança*. São Paulo: Moderna, 2006.

_____. *O desenvolvimento da criança através do brincar*. São Paulo: Moderna, 2006.

_____. *Antropologia da infância*. São Paulo: Isevec, 2009.

_____; CRAEMER, U. (Orgs.). *Caminhos para uma aliança pela infância*. São Paulo: Aliança pela Infância, 2003.

GIRARDELLO, G. Produção cultural infantil diante da tela: da TV à internet. Revista *Teias*, Programa de Pós-Graduação em Educação da Universidade do Estado do Rio de Janeiro, Ed. UERJ, v. 6, p. 158, 2005.

GODELIER, M. *Au fondement des sociétiés humaines*: ce que nous apprends l'anthropologie. Paris: Éditions Albin Michel, 2007.

GOETHE, W. *A metamorfose das plantas*. 4. ed. São Paulo: Antroposófica, 2005.

HARDMAN, C. Can there be an anthropology of children? *Childhood*, n. 8, p. 50, 2001. Disponível em: <http://chd.sageup.com>. Acesso em: 13 jun. 2013.

HILLMAN, J. *An inquiry into image*. Estados Unidos, n. 32, p. 88, Spring 1977.

_____. *O código do ser*. Rio de Janeiro: Objetiva, 1997.

_____. *A blue fire*: selected writings by James Hillman. Estados Unidos: Thomas Moore & James Hillman, 1989.

HOUAIS, A.; VILLAR, M. *Dicionário Houaiss da língua portuguesa*. Rio de Janeiro: Objetiva, 2001.

HUIZINGA, J. *Homo ludens*. São Paulo: Perspectiva, 1971.

IVIC, I. Les systèmes sémiotiques iconiques chez l'enfant et l'audiovisuel. In: SÉMINAIRE DE RECHERCHE ET DE FORMATION "AUDIOVISUEL ET PETITE ENFANCE". Arles, França, 1991.

_____. *Deux types de la communication pré verbale et le développement de langage chez l'enfant*. Manuscrito, s/d.

_____. Semiotic systems and their role in ontogenetic mental development. In: EUROPEAN CONFERENCE ON DEVELOPMENTAL PSYCHOLOGY, 3., Budapest, 1998.

_____. *Le social au coeur de l'individuel*. Belgrado: Universidade de Belgrado, s/d.

JAVEAU, C. *Criança, infância(s), crianças*: que objetivo dar a uma ciência social da infância? São Paulo: Cedes, 1978.

JUNG, C. *Tipos psicológicos*. Petrópolis: Vozes, 2009.

_____. *O livro vermelho*. Petrópolis: Vozes, 2010.

KRAMER, S. Autoria e autorização: questões éticas na pesquisa com crianças. *Cadernos de Pesquisa*, Fundação Carlos Chagas, n. 116, jul. 2002.

_____; LEITE, M. I. *Infância*: fios e desafios da pesquisa. Campinas: Papirus, 1996.

LARROSA, J. Notas sobre a experiência e o saber de experiência. *Revista Brasileira de Educação*, São Paulo, 2002.

LEVI-STRAUSS, C. *Mythologiques IV*: l'homme nu. Paris: Plon, 1971.

LEVI-STRAUSS, C. *Olhar, escutar, ler*. São Paulo: Companhia das Letras, 1997.

_____. *O cru e o cozido*. São Paulo: Cosac Naify, 2004.

LOPEZ PEDRAZA, R. *Hermes e seus filhos*. São Paulo: Paulus, 1977.

LOUREIRO, P. *Obras reunidas*. São Paulo: Escrituras Editora, 2000. v. 3.

MANGUEL, A. *Lendo imagens*: uma história de amor e ódio. São Paulo: Companhia das Letras, 2001.

MEAD, G. H. *Mind, self & society*. Chicago: University Chicago Press, 1934.

MEIRELES, C. *Soneto antigo in espectros*. Rio de Janeiro: s/e., 1919.

MEIRELLES, R. *Águas infantis*: um encontro com brinquedos e brincadeiras da Amazônia. Tese (Mestrado) — Faculdade de Educação, Universidade de São Paulo, São Paulo, 2007.

MORIN, E. *O paradigma perdido*: a natureza humana. Portugal: Ed. Du Seuil, 1973.

_____. Da culturanálise à política cultural. *Margem*, Faculdade de Ciências Sociais, Pontifícia Universidade Católica, São Paulo, n. 1, mar. 1992.

_____. *Os sete saberes necessários à educação do futuro*. São Paulo/Brasília: Cortez/Unesco, 2001.

_____. *O Método 4*: as ideias — habitat, vida, costumes, organização. Porto Alegre: Sulina, 2005.

MOURITSEN, F.; QVORTRUP, J. *Childhood and children's culture*. Dinamarca: University Press of Southern, 2002.

MULLER, V. R. *História de crianças e infâncias*: registros, narrativas e vida privada. Petrópolis: Vozes, 2007.

NUNES, A. *Brincando de ser criança*: contribuições da etnologia indígena brasileira à antropologia da infância. Tese (Doutorado) — Instituto Superior de Ciências do Trabalho e da Empresa. Lisboa, 2003.

OERS, B. Van. On the narrative nature of young children's iconic representations. *European Early Childhood Research Journal*, Londres, Routledge, v. 15, n. 2, jun. 2007.

OSTROWER, F. *Criatividade e processos de criação*. Petrópolis: Vozes, 1987.

OSTROWER, F. *Acasos e criação artística*. Rio de Janeiro: Campus, 1995.

PESSOA, F. [1934] *Mensagem*. 1. ed. Guimarães, Portugal: Ed. Martin Claret, 1998.

PESSOA, F. *O cancioneiro*. Porto Alegre: L&PM, 2007.

PIACENTINI, Telma Anita. *Fragmentos de imagens de infância*. Tese (Doutorado em Educação) — Faculdade de Educação, Universidade de São Paulo, São Paulo, 1995. 304p.

PIAGET, J. [1948] *A formação do símbolo na criança*: imitação, jogo e sonho, imagem e representação. Rio de Janeiro: Zahar, 1978.

PINTO, Manuel. A infância como construção social. In: _____; SARMENTO, M. J. (Coords.). *As crianças*: contextos e identidades. Braga: Centro de Estudos da Criança, Universidade do Minho, 1997.

PROUT, A. *Reconsiderar a nova sociologia da infância*. Braga: Universidade do Minho, 2004. [Texto digitado.]

_____. *The future of childhood*: towards the interdisciplinary studies of children. Estados Unidos/Canadá: Routledge Farmer, 2005.

RAMNOUX, C. L'Ethnologue et le vieux sage. In: BELLOUR, R.; CLÉMENT, C. *Claude Lévi-Strauss*: textes de et sur Claude Lévi-Strauss réunis. Paris: Idées/Gallimard, 1979.

RANGEL, L. H. Da infância ao amadurecimento: uma reflexão sobre rituais de iniciação. *Interface*: Comunicação, Saúde, Educação, São Paulo, 1999.

_____. *Análise da situação das crianças indígenas frente à violência*. São Paulo: Fundação Bernard van Leer, 2010.

RICOEUR, P. *Tempo e narrativa*. Campinas: Papirus, 1994.

ROCHA PITTA, D. P. (Org.). *Ritmos do imaginário*. Recife: Ed. da UFPE, 2005.

ROSSIE, J. P. *Toys, play, culture and society*: an anthropological approach with reference to North Africa and the Sahara. Stockholm: Sitrec, 2005.

RUTTER, M. Psychosocial resilience and protective mechanisms. *American Journal of Orthopsychiatry*, v. 57, n. 3, p. 316-331, 1987.

SARMENTO, M. J. (Coord.). *As crianças*: contextos e identidades. Braga: Centro de Estudos da Criança, Universidade do Minho, 1997.

SARMENTO, M. J. *O estudo de caso etnográfico em educação*. Braga: Instituto de Estudos da Criança, Universidade do Minho, 2003.

_____; CERISARA, A. B. *Crianças e miúdos*: perspectivas sociopedagógicas da infância e educação. 1. ed. Porto: ASA Editores, 2004. v. 1.

SCHILLER, Friedrich. *A educação estética do homem*. São Paulo: Iluminuras, 2002. p. 80.

SCOZ, B. *Por uma educação com alma*. Petrópolis: Vozes, 2001.

SILVEIRA, N. da. *O mundo das imagens*. São Paulo: Ática, 1992.

SOUZA, S. J. *Infância e linguagem*: Bakhtin, Vygotsky e Benjamin. 7. ed. Campinas: Papirus, 2003.

TRINDADE, A. A criança e seu corpo: gesto e identidade. In: _____. *Caminhos para uma aliança pela infância*. São Paulo: Ed. da Aliança pela Infância, 2003.

VAN GENNEP, A. *The rites of passage*. Chicago: University of Chicago Press, 1960.

VON FRANZ, M. L. *A interpretação dos contos de fada*. São Paulo: Paulinas, 1990.

VIGOTSKI, L. *Play and its role in the mental development of the child*, 1933. Disponível em: <http://www.marxists.org/archive/vygotsky/works/1933/play.htm>. Acesso em: 13 jun. 2013.

_____. *Pensamento e linguagem*. Lisboa: Antídoto, 1979.

WARBURG, A. *The renewal of pagan antiquity*: contributions to the cultural history of the European Renaissance. Los Angeles: Getty Research Institute, 1999.

WUNENBURGER, J. J. *La vie des images*. Grenoble: Presses Universitaires de France, 2002.